FEMINISMO, DIVERSIDADE SEXUAL E SERVIÇO SOCIAL

EDITORA AFILIADA

Coordenadora do Conselho Editorial de Serviço Social
Maria Liduína de Oliveira e Silva

Conselho Editorial de Serviço Social
Ademir Alves da Silva
Dilséa Adeodata Bonetti (*in memoriam*)
Elaine Rossetti Behring
Ivete Simionatto
Maria Lúcia Carvalho da Silva (*in memoriam*)
Maria Lucia Silva Barroco

Dados Internacionais de Catalogação na Publicação (CIP)
(Câmara Brasileira do Livro, SP, Brasil)

Cisne, Mirla
  Feminismo, diversidade sexual e serviço social / Mirla Cisne, Silvana Mara Morais dos Santos. — São Paulo : Cortez, 2018. — (Biblioteca básica de serviço social ; v. 8)

  Bibliografia.
  ISBN 978-85-249-2638-9

  1. Feminismo - Brasil 2. Identidade de gênero 3. Igualdade 4. Mulheres - Brasil - Condições sociais 5. Serviço social I. Santos, Silvana Mara Morais dos. II. Título. III. Série.

18-14644   CDD-361.981

Índices para catálogo sistemático:
1. Brasil : Feminismo : Serviço social   361.981

Maria Alice Ferreira – Bibliotecária – CRB-8/7964

Mirla Cisne
Silvana Mara Morais dos Santos

FEMINISMO, DIVERSIDADE SEXUAL E SERVIÇO SOCIAL

BIBLIOTECA BÁSICA DE SERVIÇO SOCIAL

VOLUME 8

1ª edição
2ª reimpressão

FEMINISMO, DIVERSIDADE SEXUAL E SERVIÇO SOCIAL
Mirla Cisne • Silvana Mara Morais dos Santos

Capa: aeroestudio
Preparação de originais: Ana Paula Luccisano
Revisão: Eloisa Riva Moura
Composição: Linea Editora
Assessoria editorial: Maria Liduína de Oliveira e Silva
Editora-assistente: Priscila Flório Augusto
Coordenação editorial: Danilo A. Q. Morales

Nenhuma parte desta obra pode ser reproduzida ou duplicada sem autorização expressa das autoras e do editor.

© 2018 by Autoras

Direitos para esta edição
CORTEZ EDITORA
Rua Monte Alegre, 1074 – Perdizes
05014-001 – São Paulo – SP
Tel.: +55 11 3864 0111 / 3803 4800
E-mail: cortez@cortezeditora.com.br
www.cortezeditora.com.br

Impresso no Brasil – fevereiro de 2024

À Marylúcia Mesquita (*in memoriam*),
pelo legado de luta por diversidade e liberdade,
com paixão e compromisso dedicados ao Serviço Social.

Sumário

Prefácio 9

Introdução 17

CAPÍTULO 1 ■ Fundamentos teórico-políticos da diversidade humana, do heteropatriarcado e do racismo............................ 23

1.1 Trabalho, indivíduo e diversidade humana 26

1.2 Patriarcado, divisão sexual e racial do trabalho e as relações sociais de sexo: para além de uma "questão de gênero" 43

    1.2.1 As relações sociais de sexo/sexualidade e o conceito de gênero 46

    1.2.2 Família heteropatriarcal-monogâmica e o controle sobre as mulheres e a população LGBT 56

    1.2.3 Divisão sexual e racial do trabalho 62

    1.2.4 Violência contra a mulher 69

1.3 A classe trabalhadora é uma e diversa: há sexo/sexualidade e raça 75

    1.3.1 Consubstancialidade-coextensividade e interseccionalidade das relações sociais de sexo (e sexualidade)/gênero, raça/etnia e classe 80

Atividades complementares e dicas culturais 89

CAPÍTULO 2 ■ Questão social e diversidade humana na formação socioeconômica do Brasil 97

2.1 Racismo e patriarcado na particularidade da questão social do Brasil.................... 100

2.2 Expressões do racismo e do patriarcado na contemporaneidade 113

    2.2.1 Diversidade sexual e violência LGBTfóbica 124

Atividades complementares e dicas culturais 134

CAPÍTULO 3 ■ Feminismo e diversidade sexual: um encontro com o Projeto Ético-Político do Serviço Social.................... 145

3.1 Feminismo, divisão sexual do trabalho e Serviço Social 151

3.2 Serviço Social e diversidade sexual 161

    3.2.1 As entidades nacionais da categoria e a questão da diversidade sexual.................... 167

Atividades complementares e dicas culturais 178

INDICAÇÕES CONCLUSIVAS: Serviço Social e o desafio da renovação profissional 187

Referências 195

Prefácio

Chega às mãos da leitora e do leitor o mais novo volume da Biblioteca Básica de Serviço Social, assinado por Mirla Cisne e Silvana Mara de Morais dos Santos, pensadoras e ativistas feministas e em defesa da liberdade sexual, referências no âmbito da profissão e dos movimentos sociais brasileiros. A publicação desta obra, integrada a uma importante coleção voltada para a formação profissional em Serviço Social, tem um profundo significado histórico: demonstra a relevância que as causas feministas e da diversidade e a elaboração teórica forjada em torno delas que foram alçadas na profissão, no bojo de seu processo de renovação crítica e como resultado de lutas e embates críticos no interior desse mesmo processo.

Este volume se une, portanto, ao fio da história de renovação crítica do Serviço Social e da incorporação, tardia e ainda em curso, das questões relacionadas ao feminismo e à diversidade sexual à nossa formação profissional. No que diz respeito a esta dimensão, a história desse movimento de renovação do debate profissional está por ser realizada. Está, entretanto, inscrita nos debates que o(a) leitor(a) percorrerá neste livro. E assim pode ser feita na medida em que foi e é escrita com a crucial contribuição das mãos que o assinam.

Este movimento é vivo e cresce nas duas últimas décadas, fermentado por lá se vão três ou quatro gerações de profissionais do Serviço Social e impulsionado pelas novas gerações de pesquisadoras(es), que interpelam a profissão com a força de suas próprias experiências e do engajamento no feminismo, nos movimentos por liberdade sexual e antirracistas. Essas jovens pesquisadoras e esses jovens pesquisadores, como bem afirma Guilherme de

Almeida, aceleram a marcha dos estudos e do debate sobre patriarcado, racismo e sexualidade nas salas de aula, nos grupos de pesquisa e nas diferentes instâncias de organização política da categoria. Não resta dúvida de que estes(as) leitores(as) aguardam ansiosamente este livro e dele se nutrirão para fazer avançar este debate no seio da nossa profissão.

Este volume extrapola as autorias individuais e reflete uma produção do conhecimento construída em oficinas sobre ética, feminismo e sexualidade nas universidades e espaços organizativos da profissão; nos cursos de ética em movimento, promovidos pelo conjunto CFESS-CRESS (Conselhos Federal e Regional de Serviço Social); nas pesquisas e trabalhos apresentados e discutidos no âmbito dos Congressos Brasileiros de Assistentes Sociais (CBAS) e dos Encontros Nacionais de Pesquisadores/as em Serviço Social, nos quais se assiste a uma crescente produção e divulgação de trabalhos sobre as problemáticas vinculadas às relações de opressão e exploração de classe, sexo, raça e baseadas na sexualidade; na produção desenvolvida no âmbito das universidades e do diálogo crítico com outros sujeitos coletivos — como o movimento feminista, movimento negro e LGBT (Lésbicas, *Gays*, Bissexuais, Travestis, Transexuais e Transgêneros) — que interpelam nossa profissão a analisar e enfrentar as múltiplas determinações das desigualdades, discriminações e violações de direitos a que estão submetidas as mulheres, a população negra e LGBT na sociedade brasileira. Mas, sobretudo e fundamentalmente, na visibilidade que os próprios sujeitos assumem na profissão, a partir das novas condições políticas forjadas por todo esse processo coletivo. A diversidade, hoje, está mais viva entre nós, Assistentes Sociais.

A constituição das mulheres como uma categoria social e histórica interpelou a concepção de classe ao apontar desigualdades conformadas no seu interior pela mediação de outras relações sociais de opressão, dominação e apropriação. A afirmação de que "a classe trabalhadora tem dois sexos" — raça e sexualidade — (Souza-Lobo, 2011), foi o resultado de uma batalha no interior das próprias lutas socialistas e da teoria crítica e emancipatória desenvolvida em estreita vinculação com essas lutas. Batalha que está longe de ser vencida.

A presente obra, que passa a integrar a Biblioteca Básica do Serviço Social, é um passo avante nessa luta e incorpora, de maneira verdadeiramente consubstancial, a questão racial e a diversidade sexual à crítica das desigualdades que estruturam a realidade social.

Com efeito, as problemáticas relacionadas ao feminismo e à diversidade sexual são tratadas nesta obra à luz da análise do racismo, do patriarcado e do capitalismo como sistemas consubstanciais, cuja imbricação se forja no processo histórico e ganha contornos particulares na formação social brasileira. Vale destacar que a presente obra supre, ainda, uma lacuna histórica na produção do saber destinado à formação profissional do(a) Assistente Social, que diz respeito à particularidade da formação social e histórica brasileira. Indo além, o faz aportando uma leitura a partir da imbricação entre patriarcado e racismo no desenvolvimento capitalista sob a subordinação colonial. Perspectiva sem a qual, conforme afirmam as autoras, a compreensão da realidade social brasileira resta impossível.

O mérito fundamental desta obra consiste em sua sintonia com o projeto ético-político do Serviço Social, e na coerência e no rigor com que se vincula à perspectiva materialista histórica. As autoras questionam a falsa ideia, alimentada pelas perspectivas pós-modernas, de que não é possível apreender tais questões a partir do marxismo, sem, entretanto, deixar de apontar, como crítica necessária, que a lacuna histórica da elaboração crítica sobre tais dimensões, e a pouca relevância a elas conferidas, abriu o flanco para o grassar das perspectivas pós-modernas e de uma certa política de identidades desvinculada da crítica das relações sociais.

A partir do materialismo histórico, as autoras lançam luzes sobre o espectro que ronda a teoria social contemporânea: o fantasma do idealismo. O desafio de seu enfrentamento e superação, na batalha das ideias, segue sendo parte da árdua tarefa da crítica e do próprio desenvolvimento do campo de estudos ancorados no materialismo histórico — e do seu devir. Esse embate guarda ainda mais necessidade no campo das problemáticas relacionadas à desigualdade de sexo, raça, classe e à diversidade sexual. Os estudos sobre as desigualdades enfrentadas pelas mulheres, grupos racializados e população LGBT vêm sendo hegemonizados por perspectivas culturalistas que ganharam força especialmente nos anos 1990 e que predominam ainda hoje. Expressão disso é o fato de grande parte da elaboração feminista materialista de tradição francófona ter sido irrisória e incipientemente traduzida para o português e só, muito recentemente, ter ampliado sua influência e alcance com uma relativa notoriedade no âmbito das pesquisas sobre mulheres, relações sociais de sexo e a questão da sexualidade. Não é coincidência o fato de ter sido divulgada pioneiramente, no âmbito do Serviço Social e para além dele, na tese de uma das autoras desta obra, a teórica e militante feminista Mirla Cisne, publicada também por esta editora (Cisne, 2014).

As autoras defendem que considerar as relações sociais estabelecidas entre os sexos é condição necessária para apreender a totalidade social no sistema capitalista, patriarcal e racista — um sistema de dominação-exploração uno, indivisível, mutuamente determinado.

Trazem a categoria relações sociais de sexo como contraponto ao conceito de gênero, que pela hegemonia das perspectivas anteriormente apontadas foi destituído de seu potencial heurístico para analisar as relações entre homens e mulheres como relações sociais, de opressão, dominação e exploração. Elementos, aliás, que desapareceram das análises da desigualdade entre homens e mulheres, reduzidas, então, à construção de identidades ou ao plano das relações interpessoais.

Como parte deste mesmo processo de decadência teórico-política, nos anos 1990, a categoria patriarcado foi quase totalmente banida da elaboração intelectual feminista, sob acusação de a-historicismo, de generalização e do cercamento quase inultrapassável das mulheres na condição de vítimas. Como se vê, foi atacada em suas dimensões imanentes e concretas: a universalidade e particularidade, a historicidade e a contradição — dimensões tributárias da perspectiva materialista-dialética. Ora, como afirma Sílvia Walby, se o problema é o a-historicismo da categoria, tratemos, então, de historicizá-la, contextualizá-la, identificar suas expressões particulares, e não de abandoná-la. É o que as autoras realizam primorosamente nesta obra, oferecendo à leitora e ao leitor uma robusta análise de como se forja a imbricação entre o heteropatriarcado, o racismo e o capitalismo na produção das desigualdades. Ao percorrer estas páginas, encontrar-se-á o(a) leitor(a) com o movimento vivo do método materialista histórico.

Na perspectiva feminista materialista aqui adotada, as relações sociais de sexo são relações de exploração, opressão e apropriação, que têm uma base material (a divisão sexual do trabalho e o controle sobre a sexualidade e a reprodução das mulheres a ele associado), forjadas pelo sistema patriarcal, capitalista e racista, com seus contornos particulares na formação sócio-histórica brasileira, dados por nossa constituição como uma colônia de exploração que teve na racialização de grupos sociais para fins de exploração — no caso, a população negra traficada do continente africano — um de seus pilares. As relações sociais de sexo são, portanto, *relações sociais estruturais de exploração-dominação* — duas dimensões inextricáveis, duas faces de uma mesma relação.

Duas grandes consequências teórico-políticas decorrem dessa concepção: 1) não se trata de questões específicas, mas que estão relacionadas com a totalidade da vida social; 2) não se trata de questões ideoculturais: a exploração-opressão das mulheres repousa sobre uma base material concreta.

Afirmar a materialidade da exploração, apropriação e opressão das mulheres torna-se crucial para contrarrestar debates ainda vigentes no campo da Esquerda e da tradição crítica, uma vez que ainda não foi de todo superada a premissa segundo a qual a exploração capitalista é material, enquanto a dominação patriarcal é ideológica, restando, portanto, para transformar a condição das mulheres na sociedade, o enfrentamento no plano ideológico, a mudança nas mentalidades e valores, a superação do atraso "cultural" (Curiel; Falquet, 2014).

Com a contribuição da perspectiva materialista trazida pela obra, o que até então era tratado na esfera dos valores, da cultura e da ideologia, ganha sua substância material: a divisão e exploração do trabalho. Vale ressaltar, ainda, que o controle da sexualidade assume também uma dimensão material, histórica e estruturante da reprodução das relações sociais de sexo, mas também de classe e de "raça". A heterossexualidade compulsória é uma mediação fundamental da dominação-exploração patriarcal, daí a proposição do conceito de heteropatriarcado para lançar luzes sobre esta dimensão, ainda marginalizada na análise crítica da realidade social.

Outro aspecto fundamental trazido pela presente obra, no esteio do pensamento materialista, diz respeito à centralidade do conceito de relações sociais, e a busca, no esforço de apreender a totalidade concreta, das mediações que articulam relações sociais de classe, de sexo e aquelas baseadas na raça. Segundo Kergoat (2009, p. 99), essas relações são consubstanciais e coextensivas, uma vez que, "ao se desenvolverem, as relações sociais de classe, gênero e 'raça' se reproduzem e se coproduzem mutuamente". As relações sociais de sexo são, "a uma só vez uma relação de dominação simbólica, de opressão física e de exploração material" (Idem, p. 100), marcadas por desigualdade de poder, contradição e antagonismo, e não são redutíveis à dimensão das relações intersubjetivas nem à expressão de crenças e ideias vigentes — embora a ideologia cumpra um papel fundamental na reprodução dessas relações.

O raciocínio em termos de relações sociais é repleto de desafios, tendo em vista o caráter abstrato do conceito e, ainda, o uso intercambiável e corrente de relações sociais para referir-se às relações interindividuais (que são uma mediação, mas não as relações sociais em si). Com efeito, no plano das relações entre indivíduos, que corresponde ao plano das práticas sociais, as relações de dominação-exploração-apropriação ganham forma: a violência doméstica dos homens contra as mulheres, os preconceitos sobre a vivência da sexualidade feminina sob diferentes formas, materiais e simbólicas de controle, a sobrecarga com o trabalho doméstico não remunerado e a própria "afetividade" e a carga "moral" envolvida na realização desse trabalho que tornam, em muitas situações, tão difícil que as mulheres se rebelem contra ele.

É a partir da análise dessas expressões cotidianas que podemos apreender as mediações que sustentam as relações sociais entre homens e mulheres não mais como indivíduos, mas como grupos sociais, e que se reproduzem, também, quando os sujeitos da dominação não estão individualmente presentes (Saffioti, 2004), por exemplo, por meio das instituições.

Vale destacar, dentre as categorias aqui abordadas, a de diversidade humana, postulada nesta obra para a análise da construção da individualidade em suas múltiplas dimensões. Essa categoria distancia-se do tratamento corriqueiro da "diversidade sexual" e "de gênero", que toma um referente a partir do qual emerge o diverso (homossexuais, transexuais, travestis) e que os mantêm, portanto, como "o outro", o "diferente de". Na perspectiva materialista histórica, a diversidade humana é recuperada em seu componente ontológico: o humano é diverso, e essa diversidade é condição de seu ser genérico. Na sociabilidade capitalista, patriarcal, racista e LGBTfóbica, esta construção é tolhida pela força da dominação e da violência nua e crua.

Como aporte fundamental a uma questão de insuficiente análise no âmbito da profissão, esta obra nos leva a deter o olhar sobre a construção da individualidade sob as determinações do sistema de dominação e exploração heteropatriarcal, capitalista e racista: seus sofrimentos, violências e violações de que padece no cotidiano, as interdições ao seu autodesenvolvimento, mas também suas resistências. A síntese desta elaboração radica a questão da diversidade no coração da problemática da emancipação humana.

As autoras articulam as condições objetivas e subjetivas como matéria de que são tecidas as desigualdades. E, assim, postulam que as revoluções exigem a insurreição contra ambas as dimensões, muitas vezes tratadas separadamente mesmo na tradição crítica, ou como etapas subsequentes. Não, não podem esperar, afirmam as mulheres, *gays*, lésbicas, transexuais e população negra organizados, pois são requisitos para a transformação substantiva da realidade social.

O conteúdo formativo deste volume é enriquecido pelos exercícios e atividades culturais, com preciosas dicas literárias e excelente filmografia, que sugerem diferentes linguagens para a abordagem dos temas e nos trazem a fruição estética como trilha necessária para o processo de formação profissional e humana.

Esta obra é o resultado do curso coletivo de uma torrente que a cada dia ganha mais força. É "vertente de muitas gerações", como diria a canção. Que aqueles(as) que nela mergulharão sejam convidados(as) e instigados(as) a tomar parte nesta luta, nos diferentes espaços em que ela se fizer e, certamente, se faz necessária: o exercício profissional, o debate acadêmico, a vida.

Não nos enganemos. Há muito caminho a trilhar. Em grande medida, tais questões são ainda tratadas como marginais no âmbito do debate da profissão, ou como "especificidades", eufemismo pelo qual convém nominar o que se considera "questões menores" ou secundárias.

Por todas as razões que aqui buscamos tratar, o livro que o(a) leitor(a) tem em mãos consubstancia uma produção necessária para fazer avançar a renovação do debate político-profissional, enfrentar o conservadorismo que ascende na sociedade e na profissão, e nos alimentar na travessia de um momento crítico da história brasileira em direção a uma nova aurora dos tempos e das lutas emancipatórias.

Por fim, me resta sublinhar as primeiras palavras deste livro, pelo profundo significado que encerram. Esta obra é dedicada à Marylúcia Mesquita. Não é exagero, nem um impulso do afeto (embora repleto dele, outro elemento que permeou a construção coletiva da elaboração aqui reunida), afirmar que Mary foi uma das Assistentes Sociais, intelectuais e militantes, que impulsionaram e aportaram decisivamente aos debates hoje reunidos neste livro e que carregam na sua trajetória individual a história coletiva da qual ele é um resultado e um marco. Com sua irredutível ousadia, Mary contribuiu decisivamente para construir espaços de debate dos quais participou ativamente, defendendo o enriquecimento do projeto ético-político profissional, e da produção de conhecimento que o sustenta, com as teorias e lutas feministas, pela liberdade afetivo-sexual e antirracistas. Não são muitas, nem são muitos, aquelas(es) que se dedicaram a esta tarefa com tamanha tenacidade e paixão, em sacrifício de seus próprios projetos pessoais e em meio a uma difícil luta interior. Este prefácio pertencia à Mary. Aqui a substituo, como o faria Sancho ao Quixote: sem a mesma bravura, mas em lealdade. Espero que esteja à altura. Era exigente.

Recife, fevereiro de 2018.
Verônica Ferreira

Introdução

Desde a "virada" teórico-metodológica realizada no âmbito do Serviço Social brasileiro a partir do final da década de 1970, que a produção bibliográfica evidencia intrínseca relação com o pensamento crítico, em particular, com o pensamento de Marx e a tradição marxista. Na trajetória histórica, especialmente a partir da década de 1980, o Serviço Social brasileiro consolidou estudos e pesquisas sobre diferentes temas que permeiam a formação e o exercício profissionais. Dentre esses temas, destacam-se as políticas sociais — em suas diferentes expressões, características e tendências contemporâneas, com ênfase na reflexão crítica sobre: o papel do Estado; a seguridade social; os movimentos sociais e o complexo campo da luta por direitos em várias áreas temáticas, e o debate sobre a ética — em seus fundamentos ontológicos sociais e nas particularidades da profissão; na relação com os direitos humanos e com as lutas sociais da classe trabalhadora.

A construção dessa cultura profissional crítica, nominada na década de 1990 de projeto ético-político, se consolida, inclusive com importantes interações além do Serviço Social, no campo mais amplo da esquerda no Brasil e também em dimensão internacional, especialmente por meio das interlocuções realizadas nos programas de pós-graduação da área de Serviço Social. A produção bibliográfica, bem como a participação efetiva de segmentos da categoria em espaços políticos de representação, se amplia para temas e questões relacionados à diversidade humana, com ênfase: na agenda e lutas no universo feminista; na questão étnico-racial; na diversidade sexual e na identidade de gênero,[1]

---

1. Explicaremos posteriormente nossa escolha por utilizar o termo identidade de sexo em vez de identidade de gênero.

dentre outros aspectos que evidenciam a complexidade da individualidade. Embora esses temas estivessem presentes anteriormente, é no decurso da década de 2000 que assumem mais visibilidade e se tornam presentes no debate coletivo da profissão.

Do ponto de vista da formação e do exercício profissional, torna-se visível nas demandas postas ao Serviço Social a relevância social dessas temáticas, que se fortalecem com a organização política dos sujeitos feministas, dos movimentos étnico-raciais e no vasto campo da diversidade sexual, com a presença organizada de lésbicas, gays, bissexuais, travestis e transexuais (LGBT).

O conhecimento das reivindicações e o fortalecimento desses sujeitos políticos são fundamentais em uma conjuntura de crise estrutural do capital, com ascensão das forças conservadoras, adversas à classe trabalhadora e à diversidade humana e que põem em constante ameaça direitos do trabalho anteriormente conquistados, adensando, assim, a superexploração da força de trabalho, a naturalização da desigualdade social e a reprodução de dogmas, preconceitos e fundamentalismos religiosos que violam a laicidade do Estado. Os discursos e práticas de ódio são materializados em diferentes expressões de violência e de violação de direitos, a exemplo dos crimes motivados por racismo, LGBTfobia e sexismo. Esses crimes acontecem diariamente na sociedade brasileira que, além de capitalista, permanece racista, patriarcal e heterossexista, como analisaremos mais adiante.

O Serviço Social, ao se configurar como uma profissão inserida nas relações sociais, não está imune a esse processo. Diferentes formas de reatualização do conservadorismo persistem não apenas na sociedade, mas também na profissão, ainda que as resistências e as lutas também estejam presentes na defesa contínua da renovação do Serviço Social. Resistências e lutas que desde fins da década de setenta do século XX buscam romper com movimentos endógenos à profissão, na perspectiva de estabelecer estreita relação com os sujeitos políticos coletivos comprometidos com as lutas por emancipação política, sem perder do horizonte teórico-político a necessidade histórica da emancipação humana. Daí a importância da produção de conhecimento sobre a diversidade humana e, em particular, do feminismo e da diversidade sexual — a partir dos fundamentos marxianos que marcam o processo de renovação do Serviço Social no Brasil, articulado com as lutas da classe trabalhadora e dos movimentos sociais em sua heterogeneidade de reivindicações e organização política. Em outras palavras, por ser o Serviço Social área de conhecimento e profissão que, notadamente, nas últimas décadas tem aprofundado análises sobre o complexo processo de desigualdade social, ao tempo em que também intervém diretamente nas múltiplas expressões da questão social, demanda apreender criticamente as relações que estruturam essa desigualdade e particularizam a questão social no Brasil, bem como os sujeitos políticos que a enfrentam, considerando questões e desafios postos na dinâmica do capitalismo contemporâneo.

Não temos a pretensão de esgotar o debate e, inclusive, considerando as inúmeras possibilidades de abordar os temas que envolvem o feminismo e a diversidade sexual, nosso objetivo é socializar alguns elementos introdutórios para a reflexão crítica, lançando um convite para que as novas gerações do Serviço Social conheçam os caminhos que trilhamos coletiva e historicamente para afirmar a direção social do projeto ético-político. Nosso desafio é, portanto, abordar o tema com os fundamentos desse projeto profissional, que possibilita a crítica teórico-metodológica e ético-política à sociabilidade capitalista, e a defesa de um projeto societário no horizonte da emancipação humana e do reconhecimento e valorização real e substantiva da diversidade humana.

Este livro se estrutura em três capítulos. No primeiro, delimitamos os fundamentos teórico-metodológicos para abordagem do Feminismo e da Diversidade Sexual, numa perspectiva de totalidade na análise da vida social e do indivíduo. Para tanto, partimos da afirmação do trabalho como categoria que articula dialeticamente as dimensões de objetividade e subjetividade, possibilitando o entendimento do indivíduo social como processualidade histórica, que só existe numa dada sociabilidade e se desenvolve no decurso da divisão social do trabalho. Sua subjetividade se constrói, portanto, a partir da realização de múltiplas atividades que impulsionam à constituição da personalidade como algo complexo e diverso. Posta a centralidade do trabalho na vida social, partimos, então, para a abordagem dialética materialista das relações sociais de sexo, raça e classe, assumindo uma postura política de combate ao sistema heteropatriarcal-racista-capitalista. Ao entender que o heterossexismo é um pilar do patriarcado, como veremos ainda no capítulo 1, consideramos também pertinente a denominação de sistema não apenas patriarcal, mas heteropatriarcal, como forma de dar visibilidade a sua dimensão estruturalmente heterossexista.

Assim, a perspectiva do feminismo e da diversidade sexual aqui defendida é, além de materialista — mais precisamente marxista —, antirracista e anticapitalista. Destacamos, ainda, neste capítulo, algumas relações que consideramos estruturais para decifrar dimensões que compõem não apenas o ser social, mas também as desigualdades e os sistemas de exploração-opressão que as sustentam: as relações sociais de sexo/sexualidade, raça/etnia e classe.

No segundo capítulo abordaremos, nas particularidades da questão social na realidade brasileira, a dimensão da diversidade humana. O desafio é justamente provocar o debate sobre como o patriarcado, o racismo e o heterossexismo adensam, na sociedade capitalista, a exploração da força de trabalho e a reprodução de formas de opressão, violação de direitos e de violência que obstaculizam o pleno desenvolvimento da individualidade e asseguram a hegemonia capitalista.

No terceiro capítulo nos deteremos na análise do Serviço Social e na questão da diversidade humana, em que destacaremos aspectos da trajetória do Serviço Social em relação ao feminismo e à diversidade sexual. Por fim, tecemos algumas indicações conclusivas destacando a importância dessas temáticas para o processo de renovação profissional frente ao conservadorismo. Entendemos que esse processo é contínuo, ou seja, o movimento de renovação do Serviço Social se faz necessário enquanto houver influência do conservadorismo na formação e intervenção profissionais.

Integra, ainda, o livro ao final de cada capítulo atividades complementares e dicas culturais que favorecem a reflexão crítica sobre os conteúdos abordados. Gostaríamos de manifestar nosso reconhecimento quanto ao movimento realizado na área de Serviço Social para a apropriação da agenda feminista, étnico-racial e da diversidade sexual, na perspectiva da articulação com as lutas sociais no campo da esquerda emancipatória.

A vasta produção bibliográfica da área de Serviço Social constrói um legado à formação das novas gerações. Nossa expectativa é contribuir nessa direção com o livro *Feminismo, diversidade sexual e Serviço Social*, norteado pelo materialismo histórico-dialético, buscando analisar as relações sociais em uma perspectiva de totalidade, apreendendo contradições e antagonismos que revelam projetos societários em disputa. Assim, esperamos contribuir nas trilhas do processo de renovação de uma profissão que, desde a "virada" teórico-metodológica a partir dos anos 1970, vem se construindo em defesa da emancipação humana e, portanto, da diversidade e da liberdade de forma substantiva.

No momento final de elaboração deste livro, fomos profundamente atingidas pelo falecimento da amiga e assistente social Marylúcia Mesquita, companheira de muitas lutas em defesa do feminismo e da diversidade sexual no universo do Serviço Social e além deste. As novas gerações de assistentes sociais não poderão conhecer a força teórico-política com que Mary defendia seus argumentos e se posicionava frente ao conservadorismo, aos preconceitos e às formas opressivas. Mas certamente saberão que o Serviço Social brasileiro teve de se reinventar em seu processo de renovação teórico-metodológica e Mary foi fundamental para isso, pois apesar dessa renovação não houve entendimento rápido nem incorporação imediata à agenda profissional das questões que transitam no campo da diversidade. Estudos, reflexões críticas, debates e lutas marcaram a inserção do feminismo, da questão étnico-racial e da diversidade sexual no Serviço Social e em todos os espaços da vida social, inclusive no ambiente das esquerdas. Nesse processo, Mary, profundamente apaixonada e compromissada pelo Serviço Social, soube com entusiasmo construir um modo de ser questionador, provocativo e fundamentado na direção social do projeto ético-político. Em diferentes momentos, ocupou as tribunas profissionais e trouxe à tona a dor vivenciada por mulheres, população negra e LGBT em face da violência, da violação de direitos e do preconceito. Estudou, organizou-se politicamente, denunciou e escreveu sobre a dor de quem se vê sem direitos, sonhos e possibilidades de desenvolvimento de suas individualidades numa sociedade que reproduz de modo contínuo exploração e opressão. Fez ecoar sua voz com coragem, contribuindo para que o coletivo profissional pudesse entender que os usuários e as usuárias do Serviço Social são seres diversos, e que tal reconhecimento significa desvendar as tramas complexas presentes nas relações sociais que articulam capitalismo, racismo e heterossexismo.

Sua produção sobre diversidade sexual exala o gosto que tinha pelas discussões no campo da ética, dos direitos humanos e dos fundamentos ontológicos. Sua contribuição foi decisiva para que a dimensão da individualidade e a questão da diversidade não fossem vistas de forma economicista nem eticista, mas mediante contradições que possibilitam desvendar as determinações mais profundas do sistema do capital. Contra esse sistema que explora e oprime, nos convidava a lutar sem tréguas e sem ilusões. O legado de Mary nos fornece coragem para seguir. Não importa a força destrutiva que o capital assuma neste momento contemporâneo. A classe trabalhadora tem outra força, a que constrói, humaniza, projeta e realiza descobertas e novas necessidades.

Sua voz não será silenciada com seu voo... Seu legado permanece e nos inspira a lutar de modo incessante, com coragem e rebeldia para que a classe trabalhadora não seja entendida de forma abstrata ou homogênea, para que a luta por uma sociedade sem racismo, sem LGBTfobia e sem sexismo seja também a luta por uma sociedade anticapitalista.

Capítulo I

Fundamentos teórico-políticos da diversidade humana, do heteropatriarcado e do racismo

As temáticas do feminismo e da diversidade sexual apresentam natureza complexa, pois envolvem situações concretas da vida singular dos indivíduos bem como dos sujeitos políticos coletivos (grupos, instituições, partidos políticos e movimentos sociais, principalmente feministas antirracistas e LGBT), relacionados, dentre outras questões, à sexualidade, à afetividade, a viver sob os ditames do patriarcado, da misoginia, do racismo e da LGBTfobia. Ademais, são temas que contemplam a resistência, por meio da formação de lutas por direitos sexuais e reprodutivos e contra formas de exploração, de violência e de opressão estabelecidas no cotidiano. Do ponto de vista da produção do conhecimento e da política, esta complexidade aumenta porque esses temas são entendidos a partir de diferentes perspectivas teóricas. Por onde começarmos então? Não é nosso objetivo analisar as tendências teóricas diferentes que compareçem no campo de reflexão feminista e da sexualidade, mas de oferecer elementos para situar o entendimento desses temas na trilha dos fundamentos teórico-metodológicos e ético-políticos de renovação do Serviço Social no Brasil. Nesse sentido, partimos do reconhecimento das conquistas produzidas na cultura profissional do Serviço Social, conforme assinala Mota (2016, p.166):

> [...] como profissão e, particularmente, como área de produção do conhecimento, o Serviço Social, ao fim e ao cabo dos seus 80 anos de existência no Brasil,

vem robustecendo seu protagonismo intelectual e político na formação de uma cultura (teórico-metodológica, ideológica e política) que se contrapõe à hegemonia dominante em articulação com a esquerda marxista em nosso país. Evidentemente a profissão não se restringe a essa dimensão, porquanto existem outras dimensões socialmente construídas e reconhecidas no processo de institucionalização do Serviço Social, como defendem Lopes, Abreu e Cardoso (2014, p. 196), ao afirmarem: "[...] quatro dimensões: formação, intervenção, produção do conhecimento e organização política da categoria profissional, vinculadas organicamente", ao que acrescento: enfeixadas no que se denomina de projeto ético-político profissional.

Isso implica delimitarmos uma primeira questão que é decisiva para a direção social dada ao conteúdo deste livro e que consideramos não apenas compatível com o projeto ético-político profissional, mas produto desse projeto, em termos dos fundamentos da análise. Trata-se da nossa abordagem das questões propostas aqui numa perspectiva de totalidade, reconhecendo o caráter radicalmente histórico do ser social como complexo de complexos; a relação entre sociabilidade e individualidade; a existência e as implicações da luta de classes na vida social e as contradições postas na realidade.

Iniciaremos nossa análise pela afirmação da centralidade ontológica do trabalho na vida social, pois entendemos que o trabalho consiste no ponto de partida da humanização do indivíduo, que permite mediante a divisão social do trabalho, como discutiremos mais adiante, o refinamento de suas capacidades, habilidades e criatividade; a descoberta de novas possibilidades históricas; discernir e fazer escolhas e, neste movimento, construir a individualidade no espaço-tempo de desenvolvimento da sociedade.

Cabe, então, uma questão fundamental: por que nos deteremos no patriarcado (em suas expressões sexistas e heterossexistas de discriminação, opressão-exploração das mulheres e de pessoas não heterossexuais — daí o termo heteropatriarcado) e no racismo?

Antes de responder a essa questão, lançamos outras reflexões: o racismo e o patriarcado foram naturalmente desenvolvidos? O que há por trás das ideologias de naturalização das desigualdades entre os seres humanos e de negação da sua diversidade? Ou melhor, por que o racismo e o patriarcado possuem ideologias que transformam diferenças humanas em desigualdades? Parece que a palavra desigualdade pode ser uma boa chave para o entendimento dessas questões. Vejamos, então, como a desigualdade é determinada e como ela se materializa na vida cotidiana.

Partimos da concepção marxista de que as relações sociais se fundam por meio do trabalho. O trabalho, nesta sociedade hetero-patriarcal-racista--capitalista, possui três divisões estruturais associadas entre si: a) a divisão social, fundada nas relações entre classes sociais; b) a divisão racial, fundada nas relações sociais de raça; c) a divisão sexual, fundada nas relações sociais de sexo. As relações sociais são perpassadas pela apropriação do trabalho de um grupo ou classe sobre outro. São essas relações sociais, mediadas por antagonismos e hierarquias, que processam a produção e a reprodução sociais, permeadas pela exploração da força de trabalho e pelas opressões a elas vinculadas.

Assim, a escolha de trabalhar neste livro o feminismo e a diversidade sexual em uma perspectiva antirracista e classista não foi aleatória, tampouco, casual. Basta uma análise um pouco mais atenta sobre a formação sócio-histórica e econômica da sociedade brasileira para identificarmos que três sistemas se fundiram em um único: o sistema heteropatriarcal-racista-capitalista. Mais que isso, essa fusão foi e é absolutamente funcional para a produção e reprodução do capital, uma vez que no patriarcado e no racismo encontramos bases para o entendimento da exploração intensificada da força de trabalho, condição central para a reprodução das situações concretas da exploração e das múltiplas opressões. Será, portanto, sob a luz da análise do racismo e do patriarcado (em suas expressões de sexismo e heterossexismo), como sistemas estruturantes consubstanciados e coextensivos ao capitalismo, que procuraremos problematizar as temáticas relacionadas ao feminismo e à diversidade sexual.

Sabemos, por exemplo, que a sociedade em que vivemos é racista. Isso significa que pessoas sofrem violação de direitos, discriminação e preconceito por não serem brancas e/ou possuírem origem étnico-racial historicamente subalternizada, como latino-americanos e africanos diante de europeus. Esses grupos racialmente discriminados estão submetidos a diferentes violações de direitos, determinadas por um sistema de exploração/opressão. Todavia, de acordo com a classe a que pertencer, a opressão será diferenciada, ainda que não se elimine o racismo. Em outras palavras, um negro pobre, por exemplo, está muito mais sujeito a sofrer violência policial, a ser destratado em ambientes públicos do que um negro rico. Se, em vez de um negro, tivermos uma negra, outra determinação entra em cena: as relações sociais de sexo e, se ela for lésbica, mais uma dimensão precisa ser considerada: a orientação sexual, e se for um indivíduo transexual, travesti, a questão dessas identidades particularizará determinadas formas de a exploração-opressão-dominação se manifestar. Não se trata, porém, de uma dimensão matemática de adicionar, somar ou mesmo multiplicar opressões ou nominá-las de marcadores sociais, mas de apreender e decifrar as relações sociais de maneira dialética, em um sistema que é complexo de determinações, uno e diverso.

Queremos dizer que essas dimensões (sexo/sexualidade, raça/etnia e classe) determinam, em grande medida, as múltiplas relações sociais que nos compõem e que estabelecemos, seja por gerar situações desiguais entre indivíduos nas relações interpessoais e oferecer situação de privilégio a alguns em detrimento de outros(as), seja por estruturar relações de poder, exploração e opressão de um grupo social ou classe sobre outro.

Assim, analisar a dinâmica das relações sociais de classe, raça/etnia, sexo/gênero e sexualidade, de forma coextensiva e consubstanciada, permite-nos apreender criticamente determinações da sociedade hetero-patriarcal-racista-capitalista. Nosso entendimento é de que as relações sociais de sexo (incluindo sexualidade), raça/etnia e classe são estruturantes e, como tais, indispensáveis à análise crítica da sociedade em uma perspectiva de totalidade. Esse entendimento é condição fundamental para a formação e o exercício profissionais comprometidos com o Projeto Ético-Político. Ademais, são temáticas sintonizadas com as lutas de sujeitos políticos, no campo das esquerdas, que enfrentam historicamente o conservadorismo e múltiplas formas de violência e violações de direitos: movimento feminista, negro e LGBT. A relevância social de suas lutas é incontesta, e a necessidade de aprimoramento e ampliação da produção do conhecimento sobre o tema, numa perspectiva de totalidade na análise da vida social, também.

1.1 Trabalho, indivíduo e diversidade humana

Nosso objetivo, neste momento, é apresentar, de forma bastante introdutória, o fio condutor de nossa análise que se estrutura nas relações entre trabalho, indivíduo e diversidade humana. Afirmamos, portanto, o legado marxista para a apreensão do feminismo, da diversidade sexual e suas relações com o Serviço Social nas particularidades da realidade brasileira, no capitalismo contemporâneo.

Iniciamos com o pressuposto de que os indivíduos, para assegurar sua reprodução, precisam trabalhar.[1] Trabalho aqui entendido como relação dialética e síntese entre teleologia (capacidade humana de projetar previamente a finalidade de uma ação — prévia-ideação) e causalidade (realidade natural) que se objetiva em um resultado/objeto (causalidade posta). Esse processo possibilita o desenvolvimento das forças produtivas, por meio do afastamento das barreiras naturais, constituindo-se o trabalho, do ponto de vista ontológico, no ato fundante do ser social.[2]

Tal como amplamente legitimada na produção intelectual do Serviço Social brasileiro e abordada em diversos volumes desta coleção — Biblioteca Básica de Serviço Social, especialmente nos volumes 1[3] e 4[4] —, a centralidade que o trabalho assume na vida social refere-se ao fato de ocorrer, por seu intermédio, o salto ontológico, que permite a formação do ser social, uma nova esfera que se afasta de modo processual das determinações meramente biológicas. Por isso, em face de suas características centrais, em cada momento histórico, torna-se possível apreender como se estruturam de forma concreta, objetiva e subjetivamente, a sociedade e os indivíduos por meio do trabalho e de um sistema amplo de mediações. Além disso, o trabalho constitui a via para a produção de bens que geram a riqueza social.

O debate mais aprofundado sobre a categoria Trabalho — em toda sua densidade ontológica e nas particularidades da sociedade capitalista — não é nosso propósito aqui e pode ser encontrado em outras referências bibliográficas.[5] Interessa-nos delimitar sobre a categoria trabalho, sobre aspectos introdutórios que permitam desdobrar, por um conjunto de mediações, o fato de que por seu intermédio desencadeia-se a reprodução social e simul-

---

1. Lukács (2013, p. 43) afirma: "a essência do trabalho humano consiste no fato de que, em primeiro lugar, ele nasce em meio à luta pela existência e, em segundo lugar, todos os seus estágios são produto de sua autoatividade".

2. Para Marx (2013, p. 120), "como criador de valores de uso, como trabalho útil, o trabalho é, assim, uma condição de existência do homem, independentemente de todas as formas sociais, eterna necessidade natural de mediação do metabolismo entre homem e natureza e, portanto, da vida humana".

3. Cf. Netto e Braz (2006), especialmente, mas não apenas, o capítulo 1, intitulado: 'Trabalho, Sociedade e Valor".

4. Cf. Barroco (2008).

5. Cf., dentre outros, Lukács (2013); Lessa (2002 e 2007); Costa (2007); Netto e Braz (2006); e Barroco (2003 e 2008).

taneamente se reproduzem, também, o gênero humano e a individualidade. Nesse processo, buscaremos o entendimento da diversidade humana que é central para a apreensão das expressões concretas dessa diversidade, a exemplo da vida das mulheres, da população negra e LGBT, considerando as particularidades oriundas da dimensão étnico-racial, das lutas sociais contra o racismo, o patriarcado e o heterossexismo, os quais analisaremos mais adiante. É importante determos agora que considerar o indivíduo como um ser diverso não significa necessariamente fragmentá-lo em dimensões, partes e marcadores, ou destituí-lo das determinações classistas e isolá-lo da vida social. A diversidade humana articula-se à concepção de indivíduo social como uma característica própria da individuação.

Assim, apesar de ser fundante do ser social, isso não significa que o trabalho possa, por si próprio, conter e traduzir toda a existência social, pois esta, além dos atos de trabalho, efetiva-se por uma ampla heterogeneidade de atividades que visam atender às necessidades dos indivíduos no decurso do processo histórico. Há, desse modo, importantes distinções entre o trabalho e as outras dimensões da práxis social.[6]

> [...] A práxis envolve o trabalho, que, na verdade, é o seu modelo — mas inclui muito mais que ele: inclui todas as objetivações humanas. [...] A categoria de práxis permite apreender a riqueza do ser social desenvolvido: verifica-se, na e pela práxis, como, para além das suas objetivações primárias, constituídas pelo trabalho, o ser social se projeta e se realiza nas objetivações materiais e ideais da ciência, da filosofia, da arte, construindo um mundo de produtos, obras e valores — um mundo social, humano, enfim, em que a espécie humana se converte inteiramente em gênero humano (Netto e Braz, 2006, p. 44).

Podemos, então, deduzir dois aspectos centrais. O primeiro é que, pelo trabalho, os indivíduos constroem a si mesmos e a totalidade social, e que ele é a fonte da constituição do ser social ou da autoconstrução humana e, também, a partir dele ocorre o desenvolvimento das relações sociais. Em sua dimensão ontológica, o trabalho é um complexo que assume a função social de realizar mediações entre os indivíduos e a natureza, que ao transformá-la acabam por transformar-se simultaneamente. O segundo aspecto refere-se ao fato de que o trabalho que evidencia e efetiva o intercâmbio orgânico com

---

6. Cf., dentre outros, Barroco (2008) e Netto e Braz (2006).

a natureza é anterior e posterior ao trabalho abstrato, produtor de mais-valia que é próprio da sociedade do capital. Isso significa, de acordo com os fundamentos marxianos, que o trabalho é necessário e essencial para a reprodução social em qualquer sociedade, antes, durante e depois do capital.

Fica evidente a relevância social da concepção marxiana, recuperada por Lukács (2013) do trabalho como categoria ontológico-fundante, ou seja, que, além de possibilitar o salto ontológico da humanidade,[7] contém as determinações essenciais do ser social e alicerça o entendimento do indivíduo e da história. Lembremos a afirmação, inspirada em Marx (1990), de que os indivíduos fazem a história ainda que sob determinadas circunstâncias que não escolheram.[8] Temos, assim, um rico arsenal teórico-metodológico que nos permite enfrentar a crítica, amplamente disseminada na vida acadêmica e no ambiente da política, de que não é possível, no universo do marxismo, apreender a dimensão da individualidade e, por conseguinte, uma série de temas e questões não seria devidamente abordada nesta perspectiva teórica, a exemplo, dentre outros, da agenda feminista, da questão étnico-racial e da diversidade sexual. Embora não tenhamos condições de analisar em profundidade este aspecto aqui por não constituir a nossa reflexão principal, sabemos que é uma questão importante, principalmente na situação que vivenciamos de crise estrutural do capital, em que em vez de refinar as armas da crítica, parte da produção intelectual, nas mais diferentes áreas do conhecimento e profissões, e também no campo da política, cede à "decadência ideológica" (Lukács, 2010a)[9] ao afirmar: o cancelamento do indivíduo social como demiurgo da história; a luta de classes como força motriz decisiva da

---

7. Para Lukács, a estrutura do ser revela três grandes formas fundamentais e distintas, que são: "a esfera inorgânica, cuja essência é o incessante tornar-se outro mineral; a esfera biológica, cuja essência é o repor o mesmo da reprodução da vida; e o ser social, que se particulariza pela incessante produção do novo, através da transformação do mundo que o cerca de maneira conscientemente orientada, teleologicamente posta" (Lessa, 1997, p. 16).

8. Para Marx (1990, p. 17), os indivíduos "[...] fazem a sua própria história, mas não a fazem arbitrariamente, nas condições escolhidas por eles, mas sim nas condições diretamente determinadas ou herdadas do passado. A tradição de todas as gerações mortas pesa inexoravelmente no cérebro dos vivos".

9. A partir do pensamento de Marx, Lukács (2010b, p. 51) "analisa que a decadência ideológica tem início quando a burguesia já domina o poder político, e a luta de classes entre ela e o proletariado se coloca no centro do cenário histórico". Conforme Santos (2016, p. 21), "com isso, e a partir daquele momento, a burguesia abandona a busca pelo entendimento da realidade em sua densidade histórica. No lugar de uma análise científica, ganha notoriedade a pesquisa afinada com os inte-

sociedade; a perspectiva fragmentária e contraposta à totalidade social, no entendimento dos sujeitos políticos coletivos e suas expressões de diversidade e agenda política de reivindicações. Tudo isso ancorado em fundamentos teórico-metodológicos que redundam na concepção abstrata e idealista de indivíduo enclausurado como mera autoconsciência, visto de forma apartada ou mecanicamente relacionado com a sociedade. São fundamentos que promovem a aceitação da perenidade da sociabilidade capitalista, ainda que não seja esta, muitas vezes, a intencionalidade dos sujeitos individuais e coletivos que se comprometem e/ou reproduzem essa forma de pensar.

Precisamos, então, delimitar qual a concepção de indivíduo que afirmaremos neste livro e o que significa individuação, pois no *front* das perspectivas teóricas divergentes, esta é uma questão central que alicerça, inclusive, parte das diferenças no tratamento das temáticas que abordaremos.

Veremos, então, a concepção de indivíduo e, em linhas bastante gerais, como a individualidade humana supera a mera singularidade da espécie humana. Trata-se de um processo histórico caracterizado como individuação que decorre da ação do indivíduo singular no decurso do desenvolvimento das forças produtivas. O que implica entendê-la — a individuação — como processo em movimento de busca permanente, sob dadas condições concretas, em que o indivíduo, inserido na divisão social do trabalho,[10] amplia suas capacidades humanas mediante as respostas dadas para a consecução da finalidade estabelecida no ato de objetivação do trabalho. São respostas que o desafiam a cada momento. Ao enfrentá-las, o indivíduo define finalidades; faz escolhas entre alternativas postas e criadas objetivamente; reelabora instrumentos; desenvolve a criatividade; atende a determinadas necessidades; e se abre continuamente para novas necessidades e respostas.

Nesse processo, supera a existência meramente singular como um membro da espécie humana e se constrói como individualidade, ou seja, agrega qualidade e conquistas históricas no ato de individualizar-se. Vivencia, assim, a individuação e aprende, participa, ensina, seleciona, classifica, educa, supera e se autorrefina com as respostas pretéritas dadas, inclusive por outros indivíduos, em distintos tempos históricos, sendo impulsionado,

---

resses burgueses, que se volta à identificação do que é útil ou prejudicial ao capital, abandonando assim a busca pela apreensão da realidade em sua concretude, em suas múltiplas determinações".

10. Mais adiante voltaremos à análise da divisão social e sexual do trabalho.

de modo permanente, a responder às novas questões e necessidades. Ao mesmo tempo, é preciso considerar que o resultado do seu trabalho cria materialmente um novo ser que se torna independente do seu criador, que interfere no mundo real e concreto. Desse modo, pelo trabalho, o indivíduo constrói, também, a totalidade social.

O indivíduo, do ponto de vista dessa abordagem teórico-metodológica, é entendido como sujeito histórico, simultaneamente ser singular e ser genérico. Assim, a individualidade não se explica nela mesma, em um movimento endógeno ao ser, mas em relação dialética com a genericidade humana, inscrita em dada sociabilidade e formação sócio-histórica. Daí reside seu papel fundamental no desenvolvimento das forças produtivas e das capacidades, habilidades e criatividade humanas. Isso significa que o indivíduo não possui uma essência definida aprioristicamente, porque não existe a possibilidade de os indivíduos terem uma essência humana exilada das relações sociais (Santos, 2016). Podemos afirmar que é o próprio processo histórico mediante o desenvolvimento social que torna possível o modo ontológico da individualidade (Oldrini, 1995). No entanto, não se trata de deduzir disso nenhuma relação de determinação passiva e mecânica da estrutura sobre o indivíduo. O legado marxista, notadamente as contribuições lukacsianas e gramscianas, rejeita as modalidades simplificadoras do economicismo, do politicismo, do culturalismo e do eticismo na apreensão do papel da consciência e do desenvolvimento do indivíduo na história. Para o entendimento dessas modalidades que simplificam a realidade, vejamos que o economicismo se instaura quando:

> O conceito de modo de produção apaga o de formação social e é tomado como uma abstração que tende a coincidir com o real. Este aparece reduzido à esfera do "econômico", o conjunto de forças produtivas e relações de produção. As forças produtivas são pensadas como tecnologia e apresentadas como base e motor da história. O marxismo é, assim, mutilado, transformado em um conjunto de dogmas. De redução em redução, cai-se na famosa contradição trabalho-capital, tomada abstrata e universalmente [...]. Todas as demais contradições acabam por "desaparecer"`, apresentando-se como epifenômeno. Reduz-se a totalidade do social a "partes" autonomizadas (Dias, 2002, p. 137).

Daí se podem extrair, também, o entendimento e os limites do politicismo, do eticismo e do culturalismo que seriam, respectivamente, essa redução da totalidade à política, à ética e à cultura, tomadas de forma autônoma e, por vezes, isolada da vida social.

A questão central que merece destaque para os nossos propósitos é a articulação entre trabalho e indivíduo/gênero humano, que permite apreender, de acordo com as relações sociais vigentes, em cada momento histórico, os processos de individuação e de reprodução da sociabilidade, sem redundar em simplificações de reduzir a totalidade social a uma dimensão particular nem de ignorar as contradições existentes entre indivíduo e gênero humano, em face da propriedade privada no desenvolvimento histórico. Ou seja, não se trata da criação de dois mundos, o dos indivíduos, com suas descobertas, inquietações, angústias, sexualidade e sentimentos, e o mundo da sociedade, com um conjunto de questões e conflitos supostamente em contraposição à individualidade. Lukács (2013) nos ajuda a pensar sobre isso quando nos desafia a refletir sobre a reprodução do indivíduo na sociedade e, ao mesmo tempo, da sociedade como síntese de universalidade de singularidades, sem ficarmos, assim, reféns da ideia de que o indivíduo seria um simples objeto da legalidade econômica ou, de outro modo, de que as questões essenciais no plano da individualidade guardariam independência da sociedade. Reconhece como pseudoquestão instituir duas entidades autônomas, a individualidade e a sociedade. Para a superação desse impasse, trata-se de apreender os indivíduos em suas relações concretas de existência, nas trilhas do processo histórico, conforme assinala Lessa (2012, p. 16):

> [...] a história humana não é a evolução biológica do *homo sapiens* — é a história de como as relações sociais se desenvolveram para, com um esforço cada vez menor, transformar a natureza naquilo de que se necessita. Este desenvolvimento é, articuladamente, o desenvolvimento dos indivíduos e das sociedades. Como não há sociedade sem indivíduos, nem indivíduos fora das sociedades, também não há desenvolvimento social que não interfira no desenvolvimento dos indivíduos. E analogamente, não há desenvolvimento dos indivíduos que não tenha algum impacto sobre o desenvolvimento social.

Não temos dúvidas do quanto estes temas — Feminismo e Diversidade Sexual — exalam a dimensão subjetiva e o papel da consciência na história e, exatamente por isso, foi necessário discernir anteriormente qual o entendimento que temos do indivíduo. O ponto de partida foi dito antes, ou seja, o trabalho representa o momento-chave na constituição da individualidade.

Assim, os indivíduos se desenvolvem da simples singularidade, como expressão muda do gênero humano, para a individualidade, e de modo crescente e contínuo desencadeia sua substância, que é a formação da personalidade e da consciência. Integra esse movimento a tomada de decisão em face de alternativas historicamente possíveis e viáveis, e o aprimoramento permanente de suas capacidades, habilidades, personalidade e sentimentos frente às exigências postas na divisão social e sexual do trabalho.[11] Sobre isso é bastante elucidativa a explicação de Lukács (2013, p. 291):

> O trabalho (e toda atividade social que, em última análise parte dele e volta a desembocar nele) confronta todo "**homem**"[12] com novas tarefas, cuja execução desperta nele novas capacidades; em segundo lugar, os produtos do trabalho satisfazem as necessidades humanas de uma maneira nova, que se afasta cada vez mais da satisfação biológica das necessidades, mas sem jamais dissociar-se totalmente dela; de fato, o trabalho e os produtos do trabalho introduzem na vida necessidades sempre novas e até ali desconhecidas, e com ela novos modos de satisfazê-las.

Dialogando com as valiosas contribuições de Oldrini (1995), Alves (2000), Tertulian (2004) e Costa (2007), daremos continuidade à nossa reflexão para extrair das complexas relações assinaladas por Marx e resgatadas por Lukács (2013) entre objetivação, exteriorização e estranhamento/alienação, postas no ato de trabalho, indicações relevantes para o entendimento da diversidade humana. Não temos como objetivo aqui analisar essas relações em suas múltiplas interações e complexidade, mas chamar atenção para elementos que possibilitam apreender o caráter radicalmente genuíno da diversidade humana que, associada à constituição da individualidade e da personalidade, resulta da elevação das capacidades humanas no decurso do processo histórico. Assim, nosso entendimento da diversidade humana se orienta por:

> [...] buscar entendê-la no fluxo de desenvolvimento do processo de sociabilidade e de individuação que se origina no trabalho. Trata-se, portanto, de localizar

---

11. Lukács (2013, p. 285, grifo nosso) afirma: "aquilo que chamamos de personalidade de um '**homem**' constitui tal ser-precisamente-assim de suas decisões alternativas".

12. Grifo nosso. Decidimos manter nas citações feitas em todo o livro o termo — Homem — usado em sentido dito universal, conforme no original citado. Em nossa redação, optamos por não atribuir ao termo — Homem — esse caráter universal.

no trabalho o momento decisivo na constituição da subjetividade (Santos, 2016, p. 15).

Para aprimorar nosso entendimento do fluxo entre a singularidade e a constituição da individualidade ou da subjetividade (Tertulian, 2004), do processo de tornar-se pessoa (Oldrini, 1995), da individualidade em si para si (Duarte, 1999) ou do desenvolvimento da personalidade conforme a concepção lukacsiana trabalhada por Costa (2007), é fundamental apreender a distinção entre a objetivação e a exteriorização no ato do trabalho, realizada por Lukács (2013) a partir do pensamento marxiano.

Tertulian (2004, p. 11) identifica nessa distinção no ato do trabalho entre o momento da objetivação e o da exteriorização a chave para a reflexão e o reconhecimento de uma "filosofia da subjetividade em Marx":

> O primeiro traduziria as transformações estabelecidas no mundo dos objetos para torná-los conforme o objetivo pretendido; o segundo, as reverberações destas atividades na constituição da subjetividade, as qualidades especificamente subjetivas que se exprimem no objeto criado.

Costa (2007) contribui com essa reflexão ao analisar fundamentos para uma teoria da personalidade em Lukács (2013), e nos mostra os nexos entre objetivação, exteriorização e estranhamento/alienação. Por meio das conquistas produzidas no trabalho, a objetivação assume o momento decisivo da sociabilidade que avança com novas descobertas, enquanto por meio da exteriorização tem origem a individuação, momento em que os indivíduos desenvolvem novas necessidades, refinam as capacidades humanas e, desse modo, individualizam-se e fazem florescer a personalidade, que "com toda a sua problemática é uma categoria social" (Oldrini,1995). As alienações assumem a função social de bloquear a individualidade ao plano do em si. Vejamos a reflexão proposta pela autora:

> A sociedade capitalista apresenta um alto grau de desenvolvimento das forças produtivas, portanto, das capacidades humanas. Neste estágio de desenvolvimento genérico a individualidade alcança concomitantemente um grau elevado de evolução em termos do afastamento das barreiras naturais. Os indivíduos, consequentemente as personalidades, se tornam cada vez mais complexos com o impulso da divisão do trabalho e da complexidade de atividades a requererem uma síntese de suas capacidades singulares. Mas a relação entre o crescimento

das forças produtivas e das personalidades se apresenta contraditória e desigual. As alienações operantes na produção e na reprodução da vida social tendem a bloquear e reduzir a personalidade somente ao plano particular do em-si, cuja referência básica se encontra na aspiração ao ter, à garantia da reprodução material por excelência. Aspiração regida pelas determinações da reprodução social com base em relações de exploração do homem pelo homem (Costa, 2007, p. 157-158).

A gênese e desenvolvimento da individualidade remetem, portanto, à divisão social do trabalho, que impõe como condição diante de situações concretas vivenciadas no processo de desenvolvimento das forças produtivas e do afastamento das barreiras naturais que o indivíduo busque respostas a problemas/necessidades que são reais. E de forma cada vez mais desenvolvida e complexa, entre em contato com outros indivíduos e com uma multiplicidade de atos heterogêneos no trabalho e além deste, que leve ao aprimoramento de suas habilidades e capacidades; à dinâmica de apropriação de experiências pretéritas, que exige escolhas entre alternativas. Ou seja, não é um movimento linear e mecânico. Ao contrário, supõe decisão para avaliação do que é certo e errado, pertinente ou não diante de determinadas condições. Buscas são desencadeadas, em cada contexto histórico, para enfrentar novas necessidades e respostas.

Em síntese, como vimos, é possível, portanto, extrair do ato do trabalho uma série de implicações que, articuladas, no universo das diferentes modalidades de práxis social, geram qualidade e particularidades à individuação. Lukács (2013) afirma o caráter indissociável entre a sociabilidade e a individualidade, alertando para o fato de que embora a sociabilidade assuma a condição de momento predominante na elevação da mera singularidade à individualidade autêntica, ambos os complexos sociais estão dialética e organicamente articulados como dois polos de um mesmo processo que é a reprodução social. Lessa (2007, p. 119), a partir da ontologia lukacsiana, analisa os nexos, as mediações fundamentais que nos permitem afirmar que "[...] não há ato humano singular senão no interior de uma totalidade social, não há individualidade fora da totalidade social".

Para fundamentar nossa análise destacaremos, então, quatro elementos de mediação que, oriundos do trabalho, espraiam-se muito além deste processo, e incidem de forma concreta tanto na sociabilidade quanto na individualidade. Temos, então, como primeiro elemento o impulso à generalidade humana extraído do momento da teleologia (prévia-ideação), como também após a objetivação, considerando que o novo objeto, criado pelo trabalho, insere-se nas relações sociais existentes e de algum modo interfere/altera a vida social. A generalização inerente e decorrente do trabalho causa implicações na subjetividade ao ampliar e qualificar o processo de individuação, pois interfere na consciência do indivíduo que aprende na história, apropria-se dos conhecimentos conquistados pelas gerações anteriores e escolhe entre alternativas, na perspectiva de oferecer respostas, sob determinadas condições e temporalidade histórica. A consciência, embora existente sempre no indivíduo singular, incide nos dois polos (sociabilidade e individuação). Do mesmo modo, a generalização assume um caráter objetivo, voltado à materialidade propriamente dita dos objetos, que se incorporam à dinâmica das relações sociais e possibilitam o avanço do processo de sociabilização que, por sua vez, terá implicações contundentes nas vidas individuais.

Outra mediação que caracteriza o segundo elemento que queremos assinalar é o caráter genuinamente ineliminável da contradição existente entre os elementos genéricos e particulares. O que nos permite apreender a permanente tensão entre as necessidades, os interesses e os valores que remetem mais diretamente ao gênero humano e os que assumem condições apenas particulares. Na acepção lukacsiana, todo conflito social possui uma contraditoriedade desse tipo, e é justamente essa tensão entre o gênero e a dimensão particular que gera os conflitos sociais.

Contudo, vale registrar que essa tensão permanente entre o gênero e o particular assume densidade histórica e se eleva, do ângulo da sociabilidade, sob as bases concretas das determinações societárias, em cada contexto sócio-histórico. Nas sociedades de classe, verifica-se a tendência de prevalência dos interesses das classes dominantes sobre os interesses da individualidade e da totalidade social. Em se tratando da sociedade capitalista, que representa a sociedade de classe em sua estrutura puramente social e mais desenvolvida, se considerada em termos das suas determinações mais gerais, fundada na desigualdade social, na propriedade privada, na exploração da força de trabalho[13] e, constituindo-se sob particularidades históricas, em uma sociedade hetero-patriarcal-racista, verifica-se a tendência de uma verdadeira

---

13. Analisaremos no próximo item as relações de funcionalidade e determinação entre capitalismo, patriarcado, heterossexismo e racismo.

imposição econômica, ídeo-política e cultural dos interesses particulares da burguesia sobre a humanidade. Nesse solo histórico, consolida-se o universo do individualismo "[...] como ideologia que justifica a priorização e o favorecimento de interesses singulares contrapostos ao desenvolvimento da genericidade humana" (Netto e Braz, 2006, p. 47). De acordo com Schaff (1990, p. 103), o individualismo "considerado como categoria, representaria a existência individual sem restrições e orientada apenas pelo livre-arbítrio pessoal e por considerações voltadas exclusivamente para o próprio interesse". Está explicada, pois, a diferença fundamental entre a individualidade e o individualismo, e a relação desses complexos com a sociabilidade.

O capitalismo é, também, a forma histórica que institui a separação entre a vida pública e a vida privada; a dicotomia entre *bourgeois* e *citoyen*; além de materializar e enaltecer o reino do mercado, com a crescente e deletéria mercantilização de todas as dimensões da vida social, que se encontram submetidas ao valor de troca. Na perspectiva da individualidade, a tensão entre o gênero e o particular se manifesta nos atos, valores, decisões concretas dos indivíduos nas diferentes modalidades da práxis social que desenvolvem.

O terceiro elemento de mediação que interfere igualmente na sociabilidade e na individualidade diz respeito a um conjunto de complexos sociais parciais (a moral, os costumes, o direito e a ética) que tem a função social, nos termos lukacsianos, de operar sobre os conflitos sociais, tornando-os visíveis e "socialmente reconhecíveis as necessidades sociogenéricas postas pelo devir humano [...], com isso possibilitando a sua elevação à consciência em escala social" (Lessa, 2007, p. 150).[14]

É fundamental destacarmos um quarto elemento de mediação que tem grande relevância no entendimento da diversidade humana: a reciprocidade.[15] Para entendê-la, vale registrar que:

---

14. Lukács diferencia, entre esses complexos, o lugar e função social da ética, como mediação capaz de promover a superação da tensão entre gênero e particular, possibilitando a elevação à generalidade humana autêntica ou do gênero humano a um estado mais pleno do seu ser-para-si. Os demais complexos assinalados, por não superarem tal tensão, embora tragam à tona os conflitos sociais, podem, a depender das escolhas individuais e das condições históricas postas, amesquinhar e travar conquistas e avanços societários mediante a hegemonia de interesses particulares.

15. "[...] A relação dos indivíduos entre si é a possibilidade da existência destes, enquanto individualidades propriamente ditas. E isto em razão de cada um deles somente poder realizar-se como individualidade, efetivando seus fins, apenas na medida em que se ofereça como meio para um outro. Ser indivíduo é desta maneira diretamente ser para o outro. O servir a si só é uma possibili-

[...] o desenvolvimento da sociabilidade gera um processo de complexificação da individualidade e, neste sentido, ampliam-se, qualitativa e quantitativamente, as reivindicações socioculturais que revelam o caráter social da individualidade que consiste no fato de os indivíduos estabelecerem relações e nexos para a produção de suas necessidades, utilizando e transformando os meios e as condições postas na natureza, tendo como principal elemento a ação de reciprocidade estabelecida neste intercâmbio, em que cada indivíduo necessita e se realiza por intermédio do outro (Santos, 2008, p. 75).

No quarto volume desta Biblioteca Básica, ao analisar as bases sócio-históricas de constituição da ética, Barroco (2008, p. 21-22) afirma:

[...] a sociabilidade é inerente às atividades humanas, expressando-se no fato ontológico de que "o homem" só pode constituir-se como tal em relação com outros "homens"[16] e em consequência dessa relação; ela *reciprocidade* social, reconhecimento mútuo de seres de uma mesma espécie que partilham uma mesma atividade e dependem uns dos outros para viver.

A ação de reciprocidade é estabelecida neste intercâmbio em que cada indivíduo necessita e se realiza por intermédio do outro. É necessário destacar que, sob as condições concretas da sociabilidade do capital, a reciprocidade entre os indivíduos se efetiva levando em consideração determinações e mediações oriundas das relações sociais fundadas na divisão social e sexual do trabalho, propriedade privada, na exploração da força de trabalho e na disseminação de um *éthos* voltado aos interesses particulares. Obviamente, as contradições são integrantes da realidade. E é justamente da inelimínavel força contraditória que se edificam, no plano da sociabilidade sob o comando do capital, a produção social da riqueza e sua apropriação privada, além da luta de classes como essência da história. Essa realidade, quando captada pela classe trabalhadora, tende a desencadear formas de resignação ideoló-

---

dade real na medida em que realizo o outro pela minha produção. Temos assim "1) que cada um atinge seu fim na medida em que serve ao outro; 2) que cada um se torna meio para o outro (ser--para-outro) sendo seu próprio fim (ser-para-si); 3) que a reciprocidade a partir da qual um é por sua vez meio e fim, isto é, atinge seu fim somente tornando-se meio, e torna-se meio apenas colocando--se como seu próprio fim, que cada um põe seu ser para si mesmo — que esta reciprocidade é um fato necessário, pressuposto natural do intercâmbio [...]"(Alves, 2000, p. 24).

16. Grifo nosso.

gica, mas também de resistência, por meio de lutas sociais que não podem prescindir da existência e presença ativa dos indivíduos. No nível da individualidade, os indivíduos ampliam e sofisticam sua consciência de classe ao vivenciarem as contradições, ao realizarem questionamentos e escolhas que produzem decisões, a partir de alternativas, na perspectiva de que as relações sociais alcancem um tipo de reciprocidade que incorpore e se fundamente na igualdade e na liberdade substantivas, nos termos de Mészáros (2002). As lutas sociais, também, a depender da direção social, podem levar a adaptação à sociedade vigente, notadamente quando se perde a orientação classista dessas lutas e buscam-se processos de conciliação de classe, ou seja, que desconsideram o antagonismo visceral entre capital e trabalho.

Como vimos, nesse processo de individuação a consciência assume um lugar especial, considerando que o indivíduo, ao responder às suas necessidades: absorve conhecimentos pretéritos; elabora novos conhecimentos; escolhe entre alternativas postas; toma decisões e apreende sistemas de mediação. Sobre isso é pertinente a observação de Lukács (2013, p. 278) ao afirmar que:

> Nesse ponto, também, é importante pôr de lado os preconceitos mecanicistas vulgares dos seguidores de Marx. A maioria deles fez da legalidade objetiva da economia uma espécie de ciência natural especial, reificou e fetichizou as leis econômicas de tal maneira que o homem singular necessariamente se revelou como um objeto totalmente sem influência, à mercê de sua ação. Naturalmente o marxismo contém uma crítica da superestimação desmedida da iniciativa individual por parte das concepções de mundo liberais burguesas.

É possível extrair dessas reflexões duas questões que interessam de modo especial quando pensamos a diversidade humana. A primeira questão é justamente a própria concepção de diversidade. Nosso entendimento é de que os indivíduos, no processo de individuação, se constroem de forma diversa mediante a existência de um conjunto heterogêneo de atos que o impulsiona no processo reprodutivo mediante o decurso histórico-social. Isso leva ao desenvolvimento da sociabilidade e da individuação, tendo lugar decisivo a formação da personalidade e o papel da consciência na vida cotidiana. A diversidade humana brota, portanto, de um movimento histórico permanente desencadeado, na sua raiz, no ato do trabalho e que assume características mais sofisticadas no campo mais amplo das diferentes modalidades de práxis social. Os indivíduos sociais se tornam cada vez mais complexos e diversos, desdobrando, por um sistema de mediações, o processo de objetivação/exteriorização.

Assim, a diversidade humana não é atributo oriundo das lutas sociais. Por intermédio dessas lutas, os indivíduos politizam a diversidade, sendo esta algo que é próprio da individualidade, que se expressa no desenvolvimento das forças produtivas, considerando as objetivações/exteriorização do ser social que demandam respostas cada vez mais complexas. Com isto, os indivíduos, no decurso da história, apresentam as mais variadas distinções de classe, geração, raça/etnia, orientação sexual, identidade de gênero, dentre outras. São distinções que particularizam o modo de ser e estar no mundo dos indivíduos, que explicitam o seu pertencimento como ser singular à universalidade do gênero humano (Santos, 2016, p. 14).

No debate contemporâneo, especialmente após a década de sessenta do século XX com a organização coletiva de vários sujeitos políticos no universo da luta contra o racismo e em defesa da agenda política do feminismo e da diversidade sexual, é comum atribuir à diversidade um caráter quase exclusivamente voltado ao estilo de vida, ao modo de se expressar dos sujeitos e às características relacionadas, dentre outras, à raça/etnia, à orientação sexual e à identidade de sexo.[17] Não temos dúvidas de que os indivíduos se tornam diversos em face dessas questões também, mas a ruptura ou a não consideração dos fundamentos teórico-metodológicos nos termos assinalados aqui anteriormente tem levado, no território da produção do conhecimento e da política, às seguintes simplificações:

- entendimento do indivíduo circunscrito à sua singularidade, em que as determinações societárias são desconsideradas ou mecanicamente tratadas, derivando disso uma concepção de subjetividade que rompe com a totalidade social e emana de um mundo transcedente;

---

17. Entre os sujeitos coletivos e movimentos sociais costuma-se denominar "identidade de gênero", todavia, preferimos a utilização da concepção de "identidade de sexo", defendida por Mathieu (2014), por concordarmos com seu entendimento de que o sexo não é um dado biológico, mas deve também ser compreendido como síntese de uma construção social. Entendemos que ao utilizar "gênero", contribuímos para a equivocada biologização do sexo. Além disso, tecemos uma série de críticas ao conceito de gênero, como pode ser verificado no item 1.2 deste livro. Para um maior aprofundamento sobre identidade de sexo, ver Mathieu (2014).

- confinamento da subjetividade a um suposto mundo interior dos indivíduos, que se desenvolve de forma independente e autônoma da sociabilidade e do processo de elevação das capacidades humanas, determinado na divisão social do trabalho e no conjunto de atividades que envolvem a práxis;
- reprodução de uma visão idealista ao apreender o indivíduo e suas inquietações, conflitos e buscas num suposto "universo interior", desconectado das relações sociais vigentes em cada período histórico;
- análise restrita da diversidade humana, relacionando-a apenas aos atributos e às características físicas e emocionais que diferenciam os indivíduos e/ou considerando como diversos somente os que são alvo preferencial das formas opressivas e discriminatórias, a exemplo das mulheres; da população LGBT; da população negra; das pessoas com deficiência, dentre outras;
- rejeição da luta de classes como força motriz da sociedade, numa explícita capitulação ao sistema do capital, ainda que esta não seja, necessariamente, a intencionalidade dos indivíduos;
- redução da vida social e dos complexos fenômenos realmente existentes ao plano do discurso, considerando a linguagem:

[...] campo que a tudo satura; uma esfera tão onipresente, tão dominante, que virtualmente extingue a ação humana. Tudo é discurso, entendam; e o discurso é tudo. Uma vez que os seres humanos são criaturas linguísticas, uma vez que o mundo onde agimos é conhecido e descrito através da língua, esse novo idealismo alega que nada existe fora dela (McNally, 1999, p. 33).

Reconhecemos, portanto, a riqueza dos fundamentos marxianos e de contribuições relevantes no universo da tradição marxista que analisam os processos de individuação e de formação da subjetividade em sua relação dialética com a sociabilidade. Reforçam, assim, a necessidade da superação de leituras e interpretações da realidade economicistas,[18] as quais cancelaram e/ou empobreceram o papel da consciência e as mediações entre economia, política e cultura, e entre classe social e individualidade. De outro modo,

---

18. Para aprofundar as reflexões sobre marxismo, individualidade e subjetividade: Sève (1979); Duarte (1993); Oldrini (1995); Iamamoto (2001); Tertulian (2004); Lessa (2007); Costa (2007); Barroco (2008); Iasi (2012); e Lukács (2013), dentre outras referências.

estes fundamentos contribuem, também, no enfrentamento de concepções, bastante em voga nos dias atuais, e de fácil adesão social em conjunturas de crise estrutural,[19] que criam uma espécie de fetiche da individualidade, ao abordá-la dissociada do trabalho como categoria fundante do ser social e das mediações sócio-históricas, que visam superar o caráter fragmentário das demandas e questões postas na sociedade capitalista.

Nossa análise intenciona entender feminismo e diversidade sexual nas teias de determinações complexas que, ao reconhecer particularidades da exploração capitalista, buscam apreender, na realidade histórica, como este modo de produção e reprodução social torna funcional ao seu desenvolvimento e interesses econômicos, políticos e culturais o racismo, o patriarcado e o heterossexismo. Em síntese, a concepção que articula trabalho, indivíduo e diversidade humana afirma:

- os fundamentos do projeto ético-político profissional orientados na perspectiva histórica e de totalidade na apreensão do indivíduo e da vida social;
- o entendimento da diversidade humana e suas expressões concretas no processo de individuação, e não como automovimento da razão e do discurso, numa concepção idealista que se ocupa dos fenômenos históricos sem considerar a história;
- o legado marxista para superar abordagens que simplificam a realidade e os indivíduos a campos autônomos (economia; política; cultura; linguagem; dentre outros); e
- a necessidade de estudos e pesquisas que aprofundem as reflexões críticas no campo da diversidade humana e, em particular, sobre a sexualidade.

Os fundamentos articulados a partir da concepção de trabalho, indivíduo e diversidade humana, nos termos anteriormente apresentados, definem, portanto, a direção social dada do ponto de vista teórico-metodológico de entendimento da realidade em uma perspectiva de totalidade e como síntese de múltiplas determinações. Seguiremos com o objetivo de agregar a esses fundamentos a apreensão crítica do heteropatriarcado e do racismo como

---

19. Cf. Netto e Braz (2006), especialmente os capítulos 7, 8 e 9 e, para aprofundar, dentre muitos outros, Mészáros (2002) e 2009).

funcionais e constituintes do capitalismo. Nesse sentido, particularizam a divisão social do trabalho, nas dimensões sexual e racial.

1.2 Patriarcado, divisão sexual e racial do trabalho e as relações sociais de sexo: para além de uma "questão de gênero"

O campo dos estudos feministas é fundamentado por categorias teóricas que possibilitam analisar a construção sócio-histórica e econômica das desigualdades entre os sexos. Dentre essas categorias, destacamos patriarcado, divisão sexual e racial do trabalho e relações sociais de sexo.

A palavra patriarcado, segundo Christine Delphy (2009b, p. 174), "vem da combinação das palavras gregas *pater* (pai) e *arke* (origem e comando). [...] Portanto, o patriarcado é literalmente a autoridade do pai". Assim, "designa uma formação social em que os homens detêm o poder, ou ainda, mais simplesmente, o poder é dos homens. Ele é, assim, quase sinônimo de 'dominação masculina' ou de opressão das mulheres" (Delphy, 2009b, p. 173). Ainda que concordemos com Delphy, é preciso entender que o patriarcado por funcionar como sistema e, como tal, fazer-se presente nas relações sociais, também é reproduzido por mulheres, mesmo sem a presença direta de um homem (Saffioti, 2004). Todavia, sempre que uma mulher reproduz o patriarcado, ela favorece a lógica de dominação masculina e fortalece a subordinação feminina. Em outras palavras, ao reproduzir o patriarcado, as mulheres, diferentemente dos homens, não usufruem de privilégios, ao contrário.

O patriarcado, embora atinja de forma estrutural a sociedade, dirige suas implicações centralmente às mulheres; há, contudo, outros sujeitos que ao transgredirem o "modelo" patriarcal do "macho" também sofrem sua opressão. Todos eles, porém, são associados pejorativamente ao sexo feminino. Assim, ainda que atinja outros sujeitos, a lógica que estrutura o patriarcado é de privilégio e dominação masculinos relacionados à subalternização e à invisibilização das mulheres e do que é associado ou considerado e identificado como feminino, a exemplo das travestis e das mulheres transexuais. Logo, ainda que o exercício do poder patriarcal não se restrinja ao sexo biológico da mulher, permeia a construção social do sexo feminino, que se associa ao frágil, ao desvalorizado, ao subalterno e ao subserviente, enquanto o "modelo" patriarcal do homem é o da força, virilidade, poder e dominação.

O controle sobre o corpo e a sexualidade, a opressão e a exploração que o patriarcado desenvolveu e desenvolve sobre a mulher, sob um "modelo" heterossexual obrigatório de naturalização dos sexos, vieram atender a dois interesses. Primeiro, a garantia de controle sobre as(os) filhas(os), o que significava mais força de trabalho e, portanto, mais possibilidade de produção de riqueza. Segundo, ao garantir que a prole seria sua, assegurava-se aos homens a perpetuação da propriedade privada por meio da herança (Cisne, 2014). Nas palavras de Saffioti (2004, p. 105), o patriarcado transformou as mulheres em "objetos de satisfação sexual dos homens, produtoras de herdeiros, de força de trabalho e de novas reprodutoras".

Para isso, o patriarcado instituiu "um direito de os homens terem acesso regular e sistemático ao corpo das mulheres, ou seja, estabeleceu-se um contrato de homens para homens, cujos objetos são as mulheres e sua sexualidade" (Táboas, 2014, p. 58). Podemos, portanto, considerar que o patriarcado exerce controle sobre a subjetividade, o corpo e a sexualidade da mulher atingindo, também, a população LGBT, mediante a imposição rígida e binária de um modo de ser feminino e masculino, com ênfase na desvalorização e dominação da mulher e do que é identificado como feminino.

O patriarcado encontra-se, portanto, estruturado por uma lógica heterossexista, relacionada à apropriação masculina sobre o corpo e o modo de ser da mulher, na medida em que legitimou a possibilidade de o homem "impor à mulher um grande número de gravidezes a fim de gerar mão de obra abundante em seu próprio benefício" (Prado, 1985, p. 55). Podemos pensar, também, as bases do heterossexismo associado ao patriarcado, ao entender o heterossexismo como uma forma ideológica de naturalização dos sexos que organiza, estrutura e dissemina a heterossexualidade como a prática supostamente correta e única possibilidade aceitável de expressão e vivência afetivo-sexual. E, desse modo, temos uma imposição da heterossexualidade sobre as demais possibilidades de orientação sexual, que são tratadas sem aceitação e legitimidade social. A força ideológica das relações patriarcais se atualiza de tal forma que, apesar dos avanços históricos decorrentes das lutas sociais dos sujeitos feministas e LGBT, elas encontram maneiras de se reproduzir, posto que são apropriadas nas relações sociais capitalistas, funcionando de modo favorável à exploração da força de trabalho e, quando necessário, à reprodução do conservadorismo; especialmente para exercer controle, disseminam uma concepção de família tradicional, em que o alvo da dominação é o universo identificado como feminino e uma espécie de negação e inferiorização de tudo que não for heterossexual.

Essa análise histórica é importante para não naturalizarmos o patriarcado. Isso significa que se nem sempre ele existiu, mas foi socialmente construído e, como tal, poderá ser superado. De acordo com Saffioti (2004, p. 60), pode-se dizer que a origem do patriarcado tem cerca de 5.203-4 anos.

O patriarcado especifica as relações de gênero como desiguais, explicitando "relações hierarquizadas entre seres socialmente desiguais" (Saffioti, 2004, p. 119). Assim, é insuficiente falar em gênero, já que este conceito contempla, também, relações igualitárias. Em outras palavras, o conceito de gênero não traz consigo, não comporta em si, a dimensão da desigualdade.

Assim, para analisarmos a sociedade em que vivemos, é importante nomear de quais relações de gênero falamos. No caso, **relações patriarcais de gênero**, que dizem respeito às relações hierarquizantes de opressão e exploração entre os sexos, as quais estão ainda fortemente presentes na sociedade, daí a importância de considerarmos o patriarcado quando refletimos criticamente sobre as relações de gênero.

O patriarcado não surgiu espontaneamente do mundo das ideias ou da cultura, mas possui uma base material e sócio-histórica. Isso significa que as ideias e a cultura patriarcais são socialmente determinadas, com base em relações concretas. Dentre essas relações que dão base à estruturação do patriarcado, destacamos: 1) as relações sociais de sexo/sexualidade; 2) a constituição da família heteropatriarcal-monogâmica associada ao controle sobre a subjetividade e o corpo (e seus produtos — como o controle da procriação e a criminalização do aborto) da mulher e do que é associado ao feminino em toda sua heterogeneidade de expressão; 3) a divisão sexual e racial do trabalho; 4) a violência contra a mulher e a população LGBT.

Nenhum desses elementos, por sua vez, resulta de um processo natural, tampouco estão isolados. Todos se associam entre si, na constituição de um sistema patriarcal regido pela "dinâmica entre controle e medo" (Saffioti, 2004, p. 136). Controle e medo que se combinam para assegurar condições de exploração, de opressão, violação de direitos, violência e a garantia da reprodução da propriedade privada, o que demanda a construção de ideologias que naturalizam os sexos e as relações de desigualdades, além de suprimir ou desvalorizar a dimensão da diversidade humana. Passemos a analisar as bases materiais que sustentam essas ideologias.

1.2.1 As relações sociais de sexo/sexualidade e o conceito de gênero

Os chamados "estudos de gênero" surgem sob a influência de feministas acadêmicas, no final do século XX, destacadamente entre as décadas de 1970 e 1980. A sua grande contribuição veio para enfatizar a necessidade de se desnaturalizar e historicizar as desigualdades entre homens e mulheres. Em outras palavras, a despeito das divergências e multiplicidades teóricas que envolvem o conceito de gênero, convencionou-se, hegemonicamente, que ele designa a construção social do masculino e do feminino.

É importante ressaltar, todavia, que ainda que não se utilizasse a expressão "gênero", essa concepção já estava presente no feminismo. Como exemplo, citamos Simone de Beauvoir que na década de 1940, em sua clássica obra *O segundo sexo*[20] (1980 [1949], v. 2, p. 9), já afirmava:

> Ninguém nasce mulher: torna-se mulher. Nenhum destino biológico, psíquico, econômico define a forma que a fêmea humana assume no seio da sociedade; é o conjunto da civilização que elabora esse produto intermediário entre o macho e o castrado que qualificam de feminino.

Além de Beauvoir, poderíamos citar muitas expressões feministas, não apenas no campo da produção teórica, mas, também, da ação política, que demonstraram entender a desigualdade entre homens e mulheres como histórica e não natural, e também lutaram contra essa desigualdade.[21]

---

20. *O segundo sexo* foi publicado em 1949, pela editora francesa Gallimard, sob o título original em francês: *Le deuxième sexe*. Françoise Collin (2009, p. 61) afirma: "a originalidade e o interesse de *O segundo sexo* de Simone de Beauvoir está em articular todos os aspectos do problema das relações entre os sexos e de mostrar que suas modalidades sociológicas, econômicas, psicológicas são o fruto de uma estrutura única. Esta última é tributária não de uma realidade ontológica denominada 'natural', mas de uma relação de dominação que, embora pareça não poupar nenhuma sociedade e nenhuma época da História, é apresentada como culturalmente construída e, portanto, passível de ser superada".

21. O primeiro livro feminista registrado, escrito por uma mulher, foi publicado em 1405, de Christine de Pisan (poetisa e filósofa italiana, radicada na França e considerada a primeira mulher a viver do seu trabalho literário). O livro se intitula: *A cidade das damas*. Mesmo antes desse livro, Christine já havia publicado poesias contestando a forma patriarcal como as mulheres eram tratadas. Nas Américas, destacamos o pioneirismo no século XVII de Juana Inés de la Cruz (mexicana, poetisa e dramaturga), considerada a primeira feminista das Américas por seus textos em defesa do trabalho intelectual da mulher, além do seu protagonismo na poesia erótica. Um pouco mais adiante,

Outras categorias teóricas, da mesma forma, trazem essa análise da construção social do masculino e do feminino em uma perspectiva histórica, como o patriarcado, discutido anteriormente, e outras que veremos a seguir, como divisão sexual do trabalho.

Segundo Piscitelli (2002), apesar de o conceito de gênero já ser utilizado anteriormente,[22] há um marco histórico com a publicação em 1975 de um ensaio de Gayle Rubin, "O tráfico das mulheres: notas sobre a economia política do sexo".[23] Foi a partir da definição/concepção dessa autora, que o conceito de gênero ganhou forte difusão.

Nesse ensaio, Gayle Rubin estabelece uma dicotomia na relação entre sexo/gênero. Gênero é concebido como o que é determinado socialmente e o sexo seria o que é considerado biológico ou fisiológico, ou seja, natural. A

---

encontramos o marco de Olympe de Gouges (revolucionária, nascida em 1748 na França e guilhotinada em 1793, por ter sido opositora aos líderes da Revolução Francesa, Robespierre e Marat). Em 1791, dois anos após a Revolução Francesa, ela escreve a *Declaração dos direitos da mulher e da cidadã*. Em 1793, acusada de "mulher 'desnaturada' e 'perigosa demais'", ao se dirigir à guilhotina, ela afirmou, referenciando o artigo 10 de sua *Declaração dos direitos da mulher e da cidadã*: "A mulher tem o direito de subir ao cadafalso; ela deve ter igualmente o direito de subir à tribuna" (Gouges, 2007 [1791], p. 1). Em 1792, temos Mary Wollstonecraft (inglesa, intelectual libertária e antiescravagista) que publica o livro: *A reivindicação dos direitos da mulher*. Nesse livro, a autora contesta filósofos importantes à época, como Rousseau, refutando a ideia de que as mulheres seriam naturalmente inferiores e dependentes emocional e economicamente. Para tanto, destaca a importância do direito à educação formal para as mulheres, fora da domesticidade. Outras obras importantíssimas que merecem destaque na história das mulheres são os livros: *A união operária* (1843) e *A emancipação da mulher* (inédito até 1846), de Flora Tristan (francesa e revolucionária feminista-socialista). Flora foi uma grande militante socialista e defensora dos direitos da mulher, com destaque para a situação das mulheres imigrantes pobres na França e pelo direito ao divórcio. Notem que todos esses marcos em termos de produção de conhecimento e de luta das mulheres antecedem, e muito, a existência do conceito de gênero. Queremos chamar a atenção para o fato de que não foi o conceito de gênero que possibilitou a desnaturalização do sexo. Muito antes dele, já se entendia criticamente a construção social do sexo e se contestava a sua naturalização.

22. "O conceito gênero foi aplicado à diferença sexual pela primeira vez em linhas de pesquisa desenvolvidas por psicólogos estadunidenses. O termo identidade de gênero foi introduzido pelo psicanalista Robert Stoller em 1963, no Congresso Psicanalítico de Estocolmo. Stoller formulava o conceito da seguinte maneira: o sexo estava relacionado com a biologia (hormônios, genes, sistema nervoso, morfologia) e o gênero com a cultura (psicologia, sociologia). O produto do trabalho da cultura sobre a biologia era a pessoa 'acabada' *gendered*, homem ou mulher. HARAWAY, Donna: 'Gender for a marxist dictionary', *in*: *Symians Cyborgs and Womem*, 1991" (Piscitelli, 2002, p. 17).

23. "RUBIN, Gayle. 'The Traffic in Women: Notes on the Political Economy of Sex'. In: REITER, Rayna: Toward an Anthropology of Women. *Monthly Review Press*, New York, 1975" (Piscitelli, 2002, p. 17).

dicotomia reside, portanto, entre o que se considera natural (sexo) e social (gênero). Foi com essa perspectiva que o conceito de gênero se difundiu hegemonicamente.

Antes de o conceito de gênero se espraiar no campo do feminismo, em 1971, segundo Falquet (2014b, p. 12), Nicole-Claude Mathieu publica o artigo: "Notas para uma definição sociológica das categorias de sexo" e, em 1973, escreve em um segundo artigo a defesa dos sexos "como produtos de um *rapport social*"[24] (Mathieu, 1991, p. 43). Com uma abordagem diferente da de Rubin, com foco na crítica à naturalização do sexo, essa feminista materialista protagoniza uma análise sociológica e antropológica do sexo, imbricada nas relações econômicas e sociais de poder. Assim, Mathieu abre um campo de resistência materialista à naturalização dessa categoria (sexo).

Após a difusão do conceito de gênero, a exemplo do pensamento de Rubin, Mathieu publica em 1982, no X Congresso Mundial de Sociologia: "A conceitualização do sexo na prática das ciências sociais e nas teorias dos movimentos de mulheres". Para Mathieu (2014, p. 176): "A noção de sexo é a organização mental de ideias (representações, mitos, utopias etc.: o sexo 'pensado') e de práticas (relações sociais entre os sexos: o sexo 'agido') frequentemente contraditórias".

Assim, Mathieu orienta seu pensamento para o entendimento da construção social do sexo e da sexualidade. Para tanto, considera dois aspectos na relação entre o biológico e o social:

> 1. Em que medida as sociedades utilizam a ideologia da definição biológica do sexo para construir a "hierarquia" do gênero, que, reciprocamente, é fundado sobre a opressão de um sexo pelo outro;
>
> 2. Em que medida as sociedades manipulam a realidade biológica do sexo para efeito dessa diferenciação social (Mathieu, 2014, p. 205).

Em suas análises sobre sexo, gênero e sexualidade, Nicole-Claude Mathieu (2014, p. 207) defende uma "politização da anatomia", na qual entende que tanto o sexo como a sexualidade possuem uma construção social/cultural. Para politizar a anatomia, demanda-se uma "consciência

---

[24]. Diz respeito a uma relação social permeada por antagonismos e hierarquias entre grupos ou classes, no caso em questão, entre os sexos, que são atravessados por uma divisão sexual do trabalho.

de classe de sexo"[25] nos movimentos de mulheres, "uma identidade de resistência ao gênero".

Na década de 1990, surgem novas críticas à naturalização do sexo, provocada pela dicotomia do sistema sexo x gênero/natureza x cultura. Judith Butler (1993) aparece com destaque nesse cenário ao criticar essa dicotomia, passando a historicizar também a categoria sexo como algo idealizado e "forçosamente materializado através do tempo". Nesse sentido, a autora afirma que sexo: "não é um simples fato ou a condição estática de um corpo, mas um processo pelo qual as normas regulatórias materializam o 'sexo' e produzem essa materialização através de uma reiteração forçada destas normas" (Butler, 1993, p. 154). Assim, sexo não pode ser compreendido como apenas um "dado corporal sobre o qual o construto do gênero é artificialmente imposto, mas como uma norma cultural que governa a materialização dos corpos" (Idem, p. 155).[26] Sobre esse pensamento, uma ressalva se faz importante. Não temos dúvida da influência das normas regulatórias na construção social dos sexos, todavia, é importante questionar de onde vêm essas normas, a quais interesses elas atendem e, fundamentalmente, quais relações materiais as sustentam? Nesse viés, evitamos cair na perspectiva idealista, posto que não são as normas que determinam a construção social do sexo ou do gênero. As normas reproduzem e naturalizam modelos de sexo/gênero, mas elas possuem determinações materiais. O que queremos lembrar é o legado do método de análise marxiano: não são as ideias e as normas que determinam a realidade, é a realidade, com a concretude histórica das relações sociais e seus antagonismos postos na luta de classes, que determina as normas e as ideias. Vale destacar que, para uma apreciação mais densa sobre as normas, é fundamental inseri-las no contexto da análise marxiana sobre o direito, entendido como complexo social particular, que só pode ser analisado em relação de determinação com a totalidade social. Isso porque as normas e

---

25. Esta noção de "classe de sexo" não será analisada neste livro, mas certamente provoca polêmicas que merecem apreciação crítica, considerando os fundamentos marxianos.

26. Embora tenhamos destacado Mathieu e Butler na crítica à biologização do sexo, ressaltamos que possuem perspectivas teóricas diferenciadas. Butler foca mais sua análise nas expressões individuais, nas *performances*, enquanto Mathieu desenvolve sua análise na construção das relações sociais de sexo que se assentam em antagonismos materiais e estruturais entre o que ela denomina de "classes de sexo".

[...] as lutas por direito nutrem de possibilidade o processo de socialização da política, ao tempo em que explicitam seu limite, quando se constitui um tipo de universalidade abstrata no reconhecimento de sujeitos de direitos universais, uma forma particular de a burguesia reivindicar para si o domínio ideológico da sociedade. Nesse sentido, o destino das lutas por direito está determinado na dinâmica da luta de classes, num complexo jogo que envolve disputas ideológicas quanto à concepção de sociedade e de projeto societário que se deseja afirmar. Esse processo não pode prescindir da organização política das classes trabalhadoras nem a estas se limitar, pois depende de um conjunto de condições objetivas que interferem na história (Behring; Santos, 2009, p. 280).

A construção social do gênero, portanto, não pode se dar em detrimento da historicização do sexo. A crítica à biologização do sexo a que o gênero esteve associado é uma das razões que fazem algumas feministas materialistas preferirem a adoção do termo "relações sociais de sexo" e não gênero, por entenderem que o sexo também é socialmente determinado e que reduzi-lo à dimensão biológica reforça o processo de naturalização e de a-historicidade que a sexualidade tem sido tratada, notadamente, no ambiente teórico e político conservador. Além disso, as relações sociais de sexo, de acordo com Devreux (2011, p. 10), recobrem "todos os fenômenos de opressão, de exploração e de subordinação das mulheres". Nosso esforço teórico-político tem sido, a partir desses fundamentos de caráter materialista, desdobrar a análise para o aprofundamento das diferentes formas de opressão.

O conceito de gênero necessita, portanto, de uma análise crítica não apenas pela dualidade que induz ao tendenciar a dicotomia sexo/gênero, natural/social, obscurecendo o caráter histórico de categorias como sexo e corpo. O centro da nossa crítica ao conceito de gênero reside na ocultação da hierarquia e dos antagonismos materiais existentes entre os sexos. Essa ocultação ocorre porque, hegemonicamente, os estudos de gênero não são desenvolvidos de forma relacional aos sistemas de exploração, notadamente, de classe. Ao contrário, eles tendem à discussão mais individual, da construção cultural e da categorização do ser homem e do ser mulher, por meio dos símbolos, das subjetividades, das representações sociais e identidades, deslocando essas dimensões de sua base objetiva e material. Isso implicou uma nova conotação teórico-política para o feminismo, bem menos confrontante e mais institucionalizada, como nos explica Falquet (2012, p. 108):

Tema da academia estadunidense destacadamente, o gênero é introduzido na região principalmente através de teóricos(as) praticantes da cooperação, governamental ou multilateral. Embora muitas vezes usado de forma indiscriminada, muitas vezes, para evitar o estigmatizado termo "**feminismo**" ou para fornecer um *"plus"* para a palavra "mulher" — o gênero também introduz uma renovação teórica. Para algumas, ele permite desnaturalizar a opressão das mulheres: no decorrer de milhares de oficinas que foram organizadas no continente para conhecer a teoria do "**sistema de sexo-gênero**", cada uma aprende que gênero é uma construção **social**, ainda que se baseie numa diferença biológica (o sexo). Nessas formações aceleradas sobre gênero, a noção de hierarquia entre os sexos é muitas vezes apagada. Quanto às outras relações [*rapports*] sociais, elas simplesmente desaparecem (destaques da autora; tradução nossa).

Assim, além do ocultamento da dimensão hierárquica e conflitual das relações sociais e da contribuição para a biologização do sexo — que leva ao risco de deixar de fora a análise social e histórica dos corpos sexuados — e da priorização dos aspectos simbólicos da opressão das mulheres e das representações, em detrimento da realidade material, o gênero contribuiu para um recuo político do feminismo. Em outras palavras, os estudos de gênero, quando comparados aos estudos feministas, "adquirem, por vezes, um caráter mais 'neutro', menos ofensivo, ou seja, mais polido ao gosto das instituições multilaterais e governamentais, além de **aparentemente** mais 'acadêmico' ou 'científico'" (Cisne, 2014, p. 65). Por isso, conseguiram uma maior difusão e aceitação nas "universidades, e mais ainda nas administrações públicas ou nas instituições internacionais" (Pfefferkorn, 2012, p. 79; tradução nossa).

Nessa mesma perspectiva, ressalta Saffioti (2004, p. 138): "Gênero é um conceito por demais palatável, porque é excessivamente geral, a-histórico, apolítico e pretensamente neutro". Gênero é, pois, um "conceito cujo conteúdo, se apartado das relações sociais de classe e 'raça', e da luta pela erradicação das explorações e opressões daí decorrentes, pouco oferece como 'arma da crítica'" (Cisne, 2014, p. 66).

Após o advento do conceito de gênero, a categoria mulher, de acordo com Piscitelli (2002, p. 7): "passou a ser quase execrada por uma geração para a qual o binômio feminismo/'mulher' parece ter se tornado símbolo de enfoques ultrapassados". Ao ocultar ou mesmo diluir o sujeito mulher, há uma grande perda do ponto de vista político de organização confrontativa do movimento feminista.

Cremos, então, que gênero dificulta a compreensão da problemática que envolve as relações sociais de sexo. A começar pela ocultação que muitas vezes promove ao sujeito político mulher, especialmente, quando não é utilizado de forma associada ao patriarcado e/ou à categoria mulher, a qual os "estudos de gênero" substituiu em grande medida. Isso provoca um sério problema político em termos de desdobramentos para o feminismo, afinal, não podemos, em nenhuma situação, ocultar o seu sujeito político central: a mulher, sem o qual o movimento feminista perde o seu sentido e dilui o seu propósito. Por isso, concordamos com Bandeira (2000, p. 37-38) ao afirmar que: "Gênero é uma palavra que não tem maior consequência quando empregada separadamente da palavra mulher" (Cisne, 2014, p. 67).

Assim, além da naturalização do sexo que o conceito de gênero, em grande medida, trouxe consigo, quando trabalhado de forma isolada do patriarcado e das relações sociais de classe, provocou prejuízos políticos do ponto de vista coletivo da organização feminista, que envolve o processo de consciência de classe e luta das mulheres. Por outro lado, para Jules Falquet (2014b, p. 21), a partir de 1973, com a afirmação de Mathieu de "que os sexos são uma construção social", pudemos:

> [...] sair do impasse ao qual as correntes dominantes do "gênero" parecem ter-nos conduzido, onde, reagindo à ideia de que feminino e masculino seriam essências ou identidades naturais, chegamos a analisá-los como pura ficção. A perspectiva dos *rapports* sociais de sexo revela-se, nesse sentido, muito mais heurística que a do gênero. Falta, certamente, aprofundá-la, em especial no domínio da co-formação dos *rapports* sociais de poder (de "raça" e classe especialmente). Tomara que isso seja feito, na perspectiva aberta por Mathieu, partindo das/os oprimidas/os elas/eles mesmas/os, a fim de estabelecer, a partir da sua consciência, uma verdadeira ciência, não tanto sobre as/os oprimidas/os mas para colocar fim à opressão.

A crítica que fazemos ao conceito de gênero, todavia, não tem a intencionalidade de desconsiderar o legado de resistências que muitas autoras e lutadoras empreenderam com a sua adoção. Destacamos, por exemplo, a socióloga feminista marxista, Heleieth Saffioti, a primeira no Brasil a problematizar a divisão sexual no mundo do trabalho. Saffioti, embora faça uma série de críticas à noção de gênero, como já expusemos algumas delas anteriormente, passou a adotar esse conceito, porém, radicalmente associado ao de patriarcado e imbricando-o às relações sociais de classe e raça, dotando-o, portanto, de materialidade.

Pelas razões e críticas expostas ao conceito de gênero, optamos aqui pela utilização prioritária da categoria relações sociais de sexo, ainda que reconheçamos que a categoria relações patriarcais de gênero, quando associadas às relações sociais de classe e raça, também corresponde a uma perspectiva crítica e materialista, como sugere Saffioti (2004).

Para melhor compreender a categoria relações sociais de sexo é importante situar seu significado no idioma de sua origem, no caso, francês: *rapports sociaux de sexe*. No francês, existem duas palavras (*rapport-s* e *relation-s*) para uma única tradução no português: relação/relações. *Rapport* designa relações estruturais, mais amplas, enquanto *relations* diz respeito às relações pessoais, individuais, cotidianas. Falquet (2012, p. 138), com base no pensamento de Kergoat (2012), ressalta:

> As relações sociais se produzem num nível microssocial, são relações interindividuais. *Elas são relativamente fáceis de modificar, mesmo individualmente.* As relações [*rapports*] sociais surgem de um nível macroestrutural. Elas se articulam entre grupos e *só podem ser percebidas ou transformadas indireta e coletivamente* (tradução e destaques nossos).

Isso significa que para pensarmos alterações nas relações sociais de sexo são insuficientes mudanças individuais, ainda que necessárias. A organização política coletiva é compreendida como indispensável para alterar as relações estruturantes. Em outras palavras, nós, individualmente, por exemplo, podemos estabelecer uma alteração na nossa vivência familiar, podemos dividir igualmente as tarefas domésticas, mas essa alteração não implicará em transformação na estrutura social da divisão sexual do trabalho. Outras mulheres continuarão sendo exploradas. Assim, ainda que sejam fundamentais as mudanças no nível das relações (*relations*) que estabelecemos no cotidiano, para pensarmos na emancipação da mulher é preciso atingir as relações (*rapports*) antagônicas que estruturam as desigualdades, para nós: as relações sociais de classe, sexo e raça, como veremos no item 1.3.

Annie Bidet-Mordrel e Jacques Bidet (2010) afirmam que as *rapports sociaux* não designam as "simples relações entre indivíduos", mas, às "relações sociais antagônicas". Ainda segundo os autores, essa perspectiva marxista permite "elucidar a **estrutura** de classe para compreender a **dinâmica** histórica" (Bidet-Mordrel; Bidet, 2010, p. 31; destaques dos autores, tradução nossa). A compreensão da importância da estrutura das classes sociais para o entendimento das relações sociais de sexo, todavia, não significa que estas se reduzem às primeiras, ou seja, "a relação social de sexo não se reduz ao fato de 'se realizar' dentro das relações sociais de classe" (Bidet-Mordrel; Bidet, 2010, p. 41; tradução nossa).

Assim, a origem da categoria *rapports sociaux de sexe* está diretamente vinculada à de relações sociais de classe, posto que ao ser entendida como relação ampla, estruturante, é impossível não associá-la às relações de classes nas quais se realiza. Como a relação [*rapport*] social está vinculada aos conflitos e tensões entre os grupos sociais com interesses antagônicos, ela atravessa todo o tecido do campo social e dos fenômenos daí decorrentes. Kergoat (2012, p. 126), com base no pensamento de Godelier (1982), esclarece: "Uma *rapport* social é uma relação antagônica entre dois grupos sociais, construída em torno de uma problemática. É uma relação de produção material e ideal" (tradução nossa).

Outra dimensão que merece destaque na categoria *rapports sociaux de sexe*, é que ela surge em estreita conexão com os estudos sobre a divisão sexual do trabalho, categoria fundamental para os estudos feministas materialistas. A utilização do conceito de *rapports sociaux de sexe*, além de sublinhar a dimensão antagônica das classes, assegura o não esquecimento da centralidade do trabalho para os estudos feministas, como defende Kergoat (2008, 2010).

Relações sociais de sexo permitem ampliar a análise para além de questões individuais, embora reflitam nelas. Trata-se de entender que o sexismo, o machismo, o heterossexismo que, muitas vezes, se expressam individualmente resultam de relações antagônicas mais amplas, mediadas por conflitos e antagonismos que envolvem a constituição patriarcal das relações de sexo, imbricadas nas relações sociais de classe e raça.

Ressaltamos, ainda, que a sexualidade é forjada nas relações sociais, ou seja, não se encontra alheia a elas, portanto, não é simplesmente resultante das relações/desejos individuais, posto que "é antes controlada, incitada e construída nos indivíduos por instituições, normas, aparelhos, no interior das próprias relações sociais (e não anterior ou estranha a estas)" (Toitio, 2013, p. 8).

Em particular, o heterossexismo é produzido pela divisão sexual do trabalho,[27] mas ele também organiza dialeticamente as relações sociais de

---

27. Aprofundaremos esse debate sobre heterossexualidade nos dois próximos itens.

sexo, já que é sob sua "marca" que se dá a relação entre o grupo de homens com o de mulheres (Toitio, 2013, p. 9).

As relações sociais de sexo são, portanto, permeadas por disputas materiais e ideológicas, "formadas pela divisão do trabalho entre os sexos e o controle social da sexualidade e da função reprodutiva das mulheres" (Kergoat, 2010, p. 99). Além da divisão sexual do trabalho, há, de acordo com Devreux (2011), mais duas modalidades de expressão das relações sociais de sexo: a divisão sexual do poder e a categorização do sexo. Segundo a autora, nenhuma dessas modalidades, em qualquer esfera ou momento de desenvolvimento de uma sociedade, pode preceder sobre as outras, ou seja, as relações sociais de sexos "exprimem-se simultânea e conjuntamente por essas três modalidades" (Idem, p. 12).

Identificamos que essas modalidades são, como já apontamos, constitutivas do patriarcado, por isso, e dada a dificuldade de tradução da palavra *rapport* para o português, uma boa alternativa pode ser a utilização da nomenclatura **relações patriarcais de sexo**. Assim, ao nos remetermos ao patriarcado, estamos nos referindo às relações antagônicas, conflitantes, permeadas por hierarquias entre os sexos, portanto, designando o sentido de *rapport* de sexo.

Como sublinhamos anteriormente, embora defendamos a adoção prioritária da categoria relações sociais de sexo ou relações patriarcais de sexo, isso não significa dizer que utilizar gênero, necessariamente, implica abrir mão de uma perspectiva crítica. Agora, adotá-lo em uma perspectiva crítica demanda lançar mão de categorias que deem à análise substância material, econômica e política em torno dos antagonismos e hierarquias das relações sociais que gênero, por si só, não assegura. Daí a nossa defesa de utilizá-lo à luz do patriarcado e relacionado, necessariamente, com as categorias classe social e raça. Não se trata, portanto, de uma mera disputa linguística nem de desconsiderar contribuições importantes dadas por militantes, pesquisadoras e pesquisadores que trabalham com o conceito de gênero. A questão é desvendar as relações de determinação que incidem nos fenômenos e também na forma de nomeá-los. O debate e a pesquisa permanente são vital para evitar sectarismos, superficialidade na análise e reducionismos de qualquer ordem.

Passaremos, agora, a discutir a família heteropatriarcal-monogâmica e sua relação com o controle da sexualidade como pilares de produção e reprodução do patriarcado e do heterossexismo, ou se preferir, do heteropatriarcado, já que se combinam mutuamente.

1.2.2 Família heteropatriarcal-monogâmica e o controle sobre as mulheres e a população LGBT

> A família, tal como hoje a conhecemos, não surge como resultado do amor entre os indivíduos. Surge como a propriedade patriarcal de tudo o que é doméstico
>
> (Lessa, 2012, p. 31)

A palavra família é de origem latina, *famulus*, que significa: "conjunto de servos e dependentes de um chefe ou senhor" (Prado, 1985, p. 51). Nessa perspectiva, complementa Delphy (2009a, v. 1, p. 39, tradução nossa):

> [...] Família em latim designa um conjunto de terras, de escravos, de mulheres e crianças submissos ao poder (então sinônimo de propriedade) do pai de família. Nessa unidade, o pai de família é dominante: o trabalho dos indivíduos sob sua autoridade lhe pertence ou, em outros termos, a família é um conjunto de indivíduos que devem seu trabalho a um chefe.

Segundo Mary Alice Waters (1979, p. 84), o surgimento da família monogâmica ocorreu com a destruição das tradições igualitárias. Sobre essa análise histórica, Waters (p. 84-85, tradução nossa) explica:

> [...] os indivíduos começaram a se apropriar do excedente criado pelo trabalho coletivo da comunidade, conservando-o como propriedade pessoal ou privada. Conforme começou o desenvolvimento da propriedade privada, teria que se criar um mecanismo ou instituição que regularia e manteria a distribuição desigual e as necessidades de vida.

A perspectiva coletiva e igualitária vai sendo substituída pela lógica privada e individualista com a família monogâmica. Lessa (2012, p. 25-26) explica a necessidade dessa nova lógica familiar:

> Para que a resistência contra a exploração seja controlável, é fundamental que os escravos, servos, proletários, etc. busquem a sua sobrevivência de modo individual, não coletivo. Era para isso necessária a destruição dos laços primitivos que faziam da sobrevivência de cada indivíduo a condição necessária para a sobrevivência de toda a comunidade.

A partir do momento em que surge a exploração entre seres humanos, as relações passam a ser regidas pela concorrência. É nesse solo que a criação e a educação das crianças, bem como a preparação dos alimentos e da moradia etc., não são mais possíveis de serem realizadas como atividades coletivas. "Terão de ser, agora, atividades privadas, que se destacam da vida social (tal como o indivíduo, agora, passa a ter uma vida privada [...]. É assim que a família se desloca do coletivo e se constitui em núcleo privado" (Lessa, 2012, p. 26). É assim que a família monogâmica ou nuclear é construída.

De acordo ainda com Lessa (2012, p. 10), a constituição da família monogâmica encontra sua gênese, como um aspecto decisivo, na organização da sociedade de classes que, por sua vez, foi sendo tecida por meio da violência e do trabalho explorado e alienado que constituem a propriedade privada. Explica Lessa (2012, p. 25): "[...] a propriedade privada, as classes sociais e a violência cotidiana são, no dizer de Marx, 'determinações reflexivas': uma não existe sem as outras, elementos que são de uma mesma totalidade, a sociedade de classes".

Como, então, compreender o aspecto decisivo da família monogâmica na constituição da sociedade de classes? A transição da sociedade primitiva, na qual todas(os) compartilhavam o cuidado e a alimentação, para a sociedade de classes alterou o modelo de família comunal para monogâmica ou nuclear. Esse processo foi mediado por meio da violência, da propriedade privada e da subserviência das mulheres aos homens, como nos relata Lessa (2012, p. 26):

> [...] a destruição das sociedades primitivas e a imposição da exploração do homem pelo homem [sic] apenas pôde ocorrer com a aplicação da violência. É nesse momento histórico que a guerra surge como um complexo social e que fará parte da humanidade [...]. Como será da guerra que virão os escravos, e já que a guerra é uma atividade predominantemente masculina,[28] a riqueza que será expropriada dos trabalhadores será, então, convertida em propriedade

---

28. "[...] como nas sociedades primitivas a quantidade de bebês dependia diretamente da quantidade de mulheres, a preservação da vida delas era muito mais importante do que a dos homens. Assim, na divisão das tarefas, as mais perigosas tenderão a ficar sob responsabilidade masculina. Desde o início a guerra foi uma atividade predominantemente masculina — ainda que não *apenas* masculina. Há relatos e lendas acerca da bravura e ferocidade das mulheres em combate, nessa época de transição (Lessa, 2012, p. 27, destaque do autor). Além disso, Saffioti (2004) destaca a dificuldade de as mulheres caçarem por conta de as crianças dependerem da amamentação, e levá-las dificultava essa tarefa por conta do choro das crianças.

privada dos indivíduos masculinos da classe dominante. Caberão, assim, aos homens da classe dominante as atividades fundamentais para a reprodução da sociedade [...]. A economia, o direito, a política, a religião, a guerra, o comércio, as artes, a filosofia, a ciência, a exploração e a conquista de novos territórios surgem já como atividades masculinas. [...] tudo o que diz respeito ao destino da classe, à história do período, estará a cargo dos indivíduos masculinos; [...] Por outro lado, sem a reprodução biológica dos indivíduos nenhuma sociedade pode existir. [...] nas sociedades de classe é impossível que a criação das crianças, a preparação dos alimentos, da moradia, etc. continuem como atividades coletivas. Nenhum senhor de escravo, senhor feudal ou burguês criará ou pagará a alimentação dos filhos de seus concorrentes — do mesmo modo que não cuidam dos filhos dos trabalhadores que exploram. [...] tais atividades [...] serão agora exercidas pelas mulheres enquanto parte da vida privada (isto é, não coletiva) de cada proprietário.

Para perpetuar essa divisão desigual de tarefas e poder[29] entre homens e mulheres, garantido a propriedade privada e sua perpetuação de uma geração à outra, por meio da herança, a família passou a demandar o modelo monogâmico e heterossexual, que coroam a construção de um modelo de família com base no patriarcado. O controle sobre o corpo e a sexualidade feminina via monogamia passa a assegurar a prole aos homens, o que lhes garante força de trabalho e herdeiros legítimos (Engels, 1979).

A constituição da família patriarcal monogâmica e heterossexual foi sendo pautada pelo controle, culpa, medo e proibições, como nos elucida Okita (2007, p. 33-34):

Pela primeira vez, sentimentos sexuais e emocionais começaram a ser influenciados pelo controle social, e proibições sexuais rígidas foram construídas. Vergonha, culpa e medo passaram a ser relacionados com o sexo e como forma de opressão para a manutenção da ordem. O que era casual, espontâneo e natural começou a ser objeto de conflitos e, em última instância, perseguição. Com a propriedade privada, o natural passou a ser não natural.

[...] A sexualidade, em geral, assumiu uma significação social negativa. Era uma forma de expressão pessoal incompatível com a nova ordem patriarcal, somen-

---

29. "O poder advém da propriedade privada. Esta é [...] a riqueza expropriada dos trabalhadores e que se volta contra eles sob forma do poder econômico, político e militar dos senhores" (Lessa, 2012, p. 28).

te sendo permitida dentro dos limites rígidos da família monogâmica dominada pelo homem. Este fato resultou em que a homossexualidade, pela primeira vez, era um fenômeno condenado. As relações homossexuais da mulher, como também as heterossexuais, eram limitadas pela dominação patriarcal. As relações sexuais do homem eram mais livres do que as da mulher. Porém, aquelas relações masculinas que não resultassem herdeiros eram condenadas pelo sistema patriarcal, cujo pai adquiriu o direito de passar suas propriedades para os filhos. É provável que o medo de não deixar herdeiros fosse um dos fatores principais para a proibição homossexual.

O controle sobre a sexualidade da mulher passa a ser constituído, ao passo que aos homens se estimula total liberdade sexual. Nas palavras de Lessa (2012, p. 32): "Na mesma proporção em que à mulher é negado o direito ao prazer, aos homens é requerida uma volúpia incontrolável". Nesse sentido, a monogamia nunca foi uma condição para os homens. Esse fato denuncia que seu fundamento não é uma questão moral, se assim o fosse, seria estendida aos homens. A família monogâmica é constituída, portanto, "por um homem e uma ou várias mulheres em uma relação de opressão — nem consensual, nem autônoma" (Lessa, 2012, p. 39).

Esse modelo de sistema familiar monogâmico é absolutamente funcional para oferecer à classe dominante "a forma mais barata possível para a reprodução de novas gerações de massas trabalhadoras" (Waters, 1979, p. 86, tradução nossa). Por isso, ainda segundo Waters (1979, p. 87, tradução nossa), "este sistema serve perfeitamente para maximizar a acumulação privada de riqueza social, e para perpetuar a opressão da mulher". Para tanto, há construção do masculino como dominante, o que exige a definição do que não é considerado "viril". Nas palavras de Devreux (2011, p. 14):

> [...] a posição dominante dos homens dispensa estabelecer o que é o masculino, pois o masculino é a norma de referência. É necessário, para essa dominação masculina, ditar o que não é suficientemente viril (por exemplo, com relação à homossexualidade) para consolidar a norma de referência.

Para Mészáros (2002, p. 271), a família nuclear "não deixa de ser profundamente autoritária devido às funções que lhe são atribuídas num sistema de controle metabólico dominado pelo capital que determina a orientação de indivíduos particulares por meio de seu sistema incontestável de valores".

Para manter esse "sistema incontestável" de valores, a família conta com a ideologia de que é o "lugar de aconchego e paz". Na verdade, isso "mascara a prática da violência em suas diversas formas: violência física, psicológica e sexual e maus-tratos contra mulheres, crianças, adolescentes e idosas/os" (Plataforma Feminista, 2002, p. 26). Com essa idealização da família, o crescimento da violência no cotidiano é encoberto, dificultando, portanto, o seu necessário enfrentamento.

A família patriarcal monogâmica ou nuclear realiza o papel ideológico na difusão do conservadorismo "ao ensinar as crianças desde a infância que devem aceitar as estruturas e premissas básicas da sociedade de classe" (Waters, 1979, p. 88, tradução nossa). Há, assim, por intermédio desse modelo familiar, uma internalização de valores conservadores, ou melhor, (des)valores junto às crianças: "desigualdade, competitividade, autoridade e hierarquia, preconceitos e funções sexistas" (Idem, tradução nossa). Esse sistema familiar é, portanto, "também um pilar indispensável ao Estado" (Idem, tradução nossa).

> Claro que, juntamente com a família, como também nos lembra Waters (1979), foi necessário, seja para o aspecto ideológico, seja para manter a divisão de riqueza por meio da força, outras instituições como a Igreja, a polícia, as leis, as prisões (Cisne, 2014, p. 83).

Assim, a família patriarcal é uma instituição que "permite perpetuar a opressão específica das mulheres como sexo", uma vez que o "sistema familiar está baseado na escravidão doméstica e na dependência econômica da mulher" (Waters, 1979, p. 81, tradução nossa). Nas palavras de Delphy (Idem, p. 35-36): "A família é o lugar de uma exploração econômica: das mulheres" (tradução nossa). Essa exploração se realiza pelos trabalhos domésticos não remunerados e pela responsabilidade com o cuidado das crianças e outros membros da família, além da "obrigação sexual" e da cobrança pelo "equilíbrio emocional" dos membros da família.

Embora concordemos com Delphy, de que a família é um lugar por excelência de exploração da mulher, não é o único. A exploração do trabalho feminino extrapola o ambiente doméstico, embora esteja relacionada a ele, pois, dentro da lógica da divisão sexual do trabalho, as profissões consideradas femininas são extensivas às atividades domésticas. Nesse sentido, Falquet (2008) defende que existe um "trabalho feminino desvalorizado" que diz respeito ao que vai do trabalho não remunerado ao assalariado, todos marcados por relações de exploração e precarização.

É do trabalho no seio da família ao que se estende ao trabalho assalariado que, em grande medida, as mulheres vão assegurando de maneira gratuita e/ou mal remunerada a chamada reprodução social antroponômica, que se refere "ao cuidado com a educação das crianças, cuidado com os idosos e com as pessoas doentes, manutenção material das residências, dos espaços de estudo, de trabalho e de vida social" (Falquet, 2012, p. 131-132, tradução nossa).

Corroboramos inteiramente com Verônica Ferreira (2017, p. 19), quando afirma que a reprodução social, "entendida como reprodução da força de trabalho e sustentação do cotidiano, é largamente ancorada no trabalho não remunerado das mulheres na esfera doméstica". Apesar de reconhecermos que a família é insuficiente para explicar a reprodução social, ela ainda nos parece indispensável. Ainda que novas configurações familiares estejam em forte curso histórico, a família permanece como uma significativa instituição na garantia da estrutura para a divisão sexual do trabalho e, por extensão, da reprodução social.

Mesmo tendo havido transformações estruturais que afetaram a configuração da família nuclear, concordamos com Mészáros (2002, p. 278) que ela permanece ocupando "uma posição de importância essencial na reprodução do próprio sistema do capital", afinal, "ela é seu 'microcosmo' insubstituível de reprodução e consumo".

Assim, desde a sua origem até a atualidade, o modelo de família nuclear que aparta os indivíduos do convívio comunitário e coletivo, e institui uma dinâmica de vida privada, desenvolve uma funcionalidade indispensável ao capital, que é a introjeção nas personalidades das crianças dos papéis de classe. Segundo Lessa (2012, p. 34-35):

> Isoladas de seus pares, desde muito cedo as crianças da família monogâmica são mais facilmente "educadas" para serem esposas, prostitutas ou maridos — e, ainda, trabalhadores e trabalhadoras, ou parasitas das classes dominantes. Sem a vida coletiva de brincadeiras que envolvia a todas as crianças, desde muito cedo vamos sendo adestrados para o papel feminino e o papel masculino, para o papel de membros da classe dominante ou dos trabalhadores. E, também por isso (portanto, não apenas), a família monogâmica é imprescindível à sociedade de classes.

Os papéis femininos e masculinos, portanto, não são meras "questões de gênero", mas se inserem numa lógica estruturante das relações sociais de sexo ou, se preferir, das relações patriarcais de sexo que são permeadas por explorações e se imbricam com a constituição das classes sociais e com as relações étnico-raciais. É dessa imbricação dialética que a sociedade capitalista vai operar divisões no mundo do trabalho e nas próprias classes sociais, operando uma simbiose entre exploração e opressão. Por isso, não temos como discutir opressão sem relacioná-la à exploração. Para tanto, é importante compreendermos a divisão sexual e racial do trabalho para que possamos entender que as opressões racistas e patriarcais possuem uma base material que tem, como fim, a manutenção de uma sociedade pautada na exploração. Passemos a discuti-las.

1.2.3 Divisão sexual e racial do trabalho

Compreendermos a divisão sexual do trabalho (DST) como uma relação central para a estruturação das relações patriarcais de sexo. Assim como o patriarcado, a divisão sexual do trabalho não é algo natural, tampouco corresponde a uma complementariedade e reciprocidade entre homens e mulheres, posto que ela "**não é neutra e sim orientada e assimétrica**" (Tabet, 2005, p. 63, destaques da autora, tradução nossa). Para Danièle Kergoat (2012, p. 214, tradução nossa), a divisão sexual do trabalho é:

> [...] a forma de divisão do trabalho social decorrente das relações sociais de sexo; essa forma é modulada histórica e socialmente. Ela tem por características a destinação prioritária dos homens à esfera produtiva e das mulheres à esfera reprodutiva e, simultaneamente, a ocupação pelos homens das funções de forte valor social agregado (políticas, religiosas, militares etc.).

Como resultante das relações sociais e históricas, a divisão sexual do trabalho está sujeita a transformações, contudo, mantém dois "princípios organizadores" que funcionam como "invariantes" nesta categoria: a "hierarquia", por agregar sempre maior valor ao trabalho masculino em detrimento do feminino; e a "separação" entre o que é trabalho do homem e da mulher (Kergoat, 2010, 2012). Não se trata apenas de trabalhos diferentes segundo o sexo, mas hierarquicamente distintos e assimétricos, que se desdobram e se expressam nas desigualdades existentes, dentre outros aspectos, nas carreiras, nas qualificações[30] e nos salários entre os sexos. De acordo com Souza-Lobo (2011, p. 174):

> A divisão sexual do trabalho produz e reproduz a assimetria entre práticas femininas e masculinas, constrói e reconstrói mecanismos de sujeição e disciplinamento das mulheres, produz e reproduz a subordinação do gênero dominação.

Ainda segundo Souza-Lobo (2011, p. 152), a divisão sexual do trabalho sexualiza as relações de trabalho e as relações sociais. A percepção dessa dimensão sexual nos possibilita dar visibilidade às relações de desigualdade e exploração que permeiam os trabalhos considerados femininos, como o doméstico. Em outras palavras, a divisão sexual do trabalho funda materialmente a exploração dos homens sobre as mulheres, como nos esclarece Falquet (2014a, p. 250): "é a divisão sexual do trabalho e a sua lógica de exploração de um grupo por outro que cria duas (e apenas duas classes) classes sociais de sexos [...], não a presença de ovários ou espermatozóides no corpo".

Paola Tabet (2005) destaca a necessidade de analisar a divisão sexual do trabalho considerando sua relação com a apropriação e controle dos instrumentos de trabalho por parte dos homens, posto que as mulheres realizam determinados trabalhos e são excluídas de outros, segundo o acesso (ou não) aos instrumentos. Para Tabet (2005), esse controle masculino sobre os instrumentos constitui um dos elementos da relação de classe entre mulheres e homens. Esclarece a autora:

> A presença de instrumentos sempre mais complexos abre a possibilidade de uma produtividade de trabalho mais constante e bem mais elevada. Está em jogo um poder sobre a matéria e uma apropriação da natureza muito mais além dos limites do corpo humano. O controle da produção e da sociedade exige um **controle direto também sobre os instrumentos de produção** (Tabet, 2005, p. 111, destaques da autora, tradução nossa).

Além do controle dos instrumentos, segundo Tabet (2005), há também o controle das armas que garante o poder dos homens sobre as mulheres. A

---

30. Segundo Souza-Lobo (2011), a qualificação profissional para as mulheres constitui uma "possibilidade excepcional". Por isso, ainda segundo a autora (p. 100), "a desqualificação profissional das trabalhadoras remete às relações de gênero, as rupturas são individuais e configuram situações excepcionas".

autora complementa seu pensamento afirmando que a análise dos produtos obtidos da divisão sexual do trabalho, do acesso à matéria-prima e à tecnologia também é indispensável para aprofundar as razões da separação hierárquica entre os sexos e a realização dos seus respectivos trabalhos. A divisão sexual do trabalho associa-se, portanto, ao "controle das técnicas e das matérias-primas sem as quais não se podem produzir nem armas, nem instrumentos" (Tabet, 2005, p. 117, tradução nossa).

A divisão sexual do trabalho não diz respeito "apenas" às relações sociais de sexo. Para Devreux (2011, p. 12-13), a divisão sexual do trabalho opera como uma divisão social:

> a organização social do compartilhamento do trabalho (e, portanto, também, do emprego) entre os dois grupos de sexo. Essa divisão sexual do trabalho atravessa a sociedade e articula os campos do trabalho produtivo e do trabalho reprodutivo. Não os separa: ela os articula, excluindo ou integrando, segundo os momentos e as necessidades dos dominantes, as mulheres à esfera produtiva, devolvendo-as global ou parcialmente à esfera reprodutiva.

Assim, a compreensão da divisão sexual do trabalho exige a análise da esfera da produção relacionada à da reprodução social. Por isso,

> [...] é necessário combinar a análise do cotidiano da fábrica e do sindicato com o da família operária. E a partir desse cotidiano visível e invisível, na fábrica e em casa, que se pode começar a discutir a autonomia das práticas sociais dos homens e das mulheres dentro da classe operária e sua integração nas lutas do movimento operário no Brasil (Souza-Lobo, 2011, p. 49).

A relação entre esfera produtiva, reprodutiva e a divisão sexual do trabalho permite perceber que as "qualidades" ditas femininas no mundo do trabalho são aprendidas, em grande medida, na família, para ampliação dos lucros na fábrica. Por isso, segundo Souza-Lobo (2011, p. 154):

> [...] os dedos ágeis, a paciência, a resistência à monotonia são considerados próprios da força de trabalho feminina. [...] a própria qualificação é sexuada e reflete critérios diferentes para o trabalho de homens e mulheres, ocorrendo frequentemente uma desqualificação do trabalho feminino, assimilado a dons naturais, desconsiderando-se o treinamento informal.

A "qualidades" tidas como femininas, ao serem consideradas naturais ou próprias de uma suposta essência feminina, desconsideram o treinamento informal das mulheres. Isso implica não valorizar as atividades realizadas pelas mulheres como trabalho especializado. Essas atividades, ao serem muito mais consideradas uma obrigação ou um papel feminino, servem de justificativa para os baixos salários recebidos pelas mulheres.

A divisão sexual do trabalho possui um enraizamento tão presente nas relações sociais e com um significativo poder ideológico de parecer natural que se espraia desde a infância, por meio de uma divisão sexual dos brinquedos e brincadeiras, passando pela organização e gestão da força de trabalho e, ainda, na divisão sexual da política e do poder. Essas divisões estão vinculadas à "sexuação social" (construção histórica do sexo e da sexualidade) que encontra apoio na divisão sexual do trabalho e na categorização dos sexos, tendo a divisão entre público e privado como uma determinação importante (Devreux, 2011). Em outras palavras, "cada vez que há divisão sexual do trabalho ou do poder, há criação e reiteração de categorizações sexuadas" (Devreux, 2011, p. 13).

É com base nessa divisão, portanto, que as normas são determinadas e construídas; não são as normas que constroem as desigualdades, embora ajudem na sua naturalização e reprodução. Para tanto, a categorização social do sexo associa-se a uma ideologia que naturaliza valores, atributos e normas que instituem culturalmente o que é considerado "feminino" e "masculino". Para tal:

> [...] desde a infância, meninos e meninas recebem uma educação sexista, ou seja, aquela que não apenas diferencia os sexos, mas educa homens e mulheres de forma desigual. Para isso, o sistema patriarcal conta com algumas instituições na difusão da sua ideologia, das quais destacamos a família, a igreja e a escola. Meninas são educadas para lavar, cozinhar, passar, cuidar dos(as) filhos(as) e do marido e serem submissas, passivas e tímidas. Meninos são educados para serem fortes, valentes, decididos e provedores. Cabe, portanto, às mulheres, no sistema patriarcal que foi incorporado pelo capitalismo, a responsabilidade com o trabalho reprodutivo, sem o qual a produção social seria fortemente dificultada já que ele garante, em grande medida, a reprodução da força de trabalho (Cisne, 2014, p. 91-92).

Com a divisão sexual do trabalho — base material da ideologia patriarcal — e a categorização assimétrica dos sexos a que se associa, definem-se o que é um homem e uma mulher, o que é ou não trabalho, o que tem ou não valor, o que é ou não produção. Além, é claro, de se estabelecerem o que é e o que não é socialmente aceitável (Devreux, 2011, p. 14).

Quando falamos em divisão sexual do trabalho, é importante não limitá-la ao binarismo de gênero, homem x mulher, mas, também, compreender que outros elementos compõem as relações sociais de sexo, como a orientação sexual e outras expressões de identidades de sexo que vão além desse binarismo, como as pessoas trans.[31] Considerar essas dimensões que se associam às relações sociais de sexo que, por sua vez, estruturam de forma diferente a divisão e a exploração do trabalho, permite-nos compreender que alguns nichos de trabalho são marcados por uma presença de LGBT, por exemplo. Em outras palavras, a orientação sexual imprime um "processo que 'condena' homossexuais a profissões para as quais ser gay é 'aceitável' ou 'recomendável', a exemplo de 'cabeleireiro', 'maquiador', 'esteticista'" (Saraiva, 2012, p. 150). Com isso, ainda segundo Saraiva (2012, p. 47), há uma delimitação de "'zonas de tolerância', onde gays seriam profissionalmente aceitos e eventualmente bem-sucedidos".

Fora dessa "zona de tolerância" que é estabelecida em cima de padrões estereotipados e naturalizantes da sexualidade, muitas vezes, as pessoas não heterossexuais se enquadram nesse modelo para serem aceitas, tentando evitar discriminações.

Como podemos identificar, assim como o sexo, a sexualidade, mais precisamente a orientação sexual, é componente da divisão sexual do trabalho. Da mesma forma, as chamadas identidades de sexo/gênero também promovem mediações na estruturação dessa divisão sexual do trabalho. Assim é que travestis e trans, por exemplo, também são aceitas em determinadas profissões. Notemos que todas as "transgressões" vão associar-se a profissões também consideradas femininas, logo, socialmente desvalorizadas.

---

31. De acordo com Guilherme Almeida (2018, p. 159), trans são "todas as pessoas que desenvolveram identidades dissidentes do gênero que foi imposto a elas no nascimento, independentemente do fato de terem recebido ou não um diagnóstico de um profissional de saúde, de terem realizado modificações corporais biomédicas ou não, ou mesmo de que sua condição seja amplamente conhecida e reconhecida no lugar em que vive. No contexto brasileiro contemporâneo, as pessoas trans são mais comumente as que se consideram travestis ou transexuais (mulheres transexuais ou homens transexuais), mas também podem se autodenominar como agêneras, transgêneras, não binárias, entre outras categorias autoidentificatórias que pululam (e também desaparecem com rapidez ou não) na cena trans contemporânea".

A compreensão da dimensão de sexo no trabalho é fundamental, todavia, insuficiente para analisarmos uma outra relação estruturante das expressões da desigualdade social. Referimo-nos à dimensão étnico-racial. Para entendermos as divisões que se operam no mundo do trabalho e que atingem diferentemente as mulheres, é preciso articular sexismo e racismo à análise da divisão sexual do trabalho com seu correspondente em nível racial. Do contrário, podemos "recair numa espécie de racionalismo universal abstrato, típico de um discurso masculinizado e branco" (Gonzalez, 2011 [1988], p. 14). Como questiona Gonzalez (1984, p. 233):

> [...] se a gente articular divisão racial e sexual de trabalho fica até simples. Por que será que ela só desempenha atividades que não implicam em "lidar com o público"? Ou seja, em atividades onde não pode ser vista? Por que os anúncios de emprego falam tanto em "boa aparência"? Por que será que, nas casas das madames, ela só pode ser cozinheira, arrumadeira ou faxineira e raramente copeira? Por que é "natural" que ela seja a servente nas escolas, supermercados, hospitais, etc. e tal?

Por sua vez, a articulação entre divisão racial do trabalho com a dimensão de classe permite-nos entender não apenas as diferenças, mas, também, as desigualdades entre mulheres. Afinal, mulheres exploram mulheres. Essa relação entre classe, sexo, raça/etnia será aprofundada no item 1.3, todavia, cabe-nos fazer um breve comentário sobre a divisão racial do trabalho.

A divisão racial do trabalho é revelada pela discriminação e exploração diferenciada que a população negra sofre no mundo do trabalho, mas, também, pela própria divisão que a dimensão étnico-racial opera entre mulheres, como nos demonstra Sueli Carneiro (2003b, p. 49):

> Nós, mulheres negras, fazemos parte de um contingente de mulheres, provavelmente majoritário, que nunca [...] fomos tratadas como frágeis. Fazemos parte de um contingente de mulheres que trabalharam durante séculos como escravas nas lavouras ou nas ruas, como vendedoras, quituteiras, prostitutas... Mulheres que não entenderam nada quando as feministas disseram que as mulheres deveriam ganhar as ruas e trabalhar! Fazemos parte de um contingente de mulheres com identidade de objeto. Ontem, a serviço de frágeis sinhazinhas e de senhores de engenho tarados. Hoje, empregadas domésticas de mulheres liberadas e dondocas, ou de mulatas tipo exportação.

Souza-Lobo (2011, p. 287) nos apresenta um anúncio real de emprego registrado no Sistema Nacional de Emprego (SINE), em São Paulo, que denuncia o sexismo e o racismo que ditam um modelo de "boa aparência" no mundo do trabalho:

Procura-se:

Secretária com um ano de experiência, 1º grau completo, hiperbonita para trabalhar com diretor de firma.

Recepcionista com boa apresentação, boa aparência, que não seja de cor, nem japonesa.

Engenheira civil feminina, recém-formada e japonesa.

Faxineira magra e esperta.

Cozinheira que não seja gorda.

É nítido o viés racista e esteticamente preconceituoso desse anúncio, que impede o acesso de mulheres negras e japonesas a concorrerem a uma vaga no mercado de trabalho. Para Carneiro (2003a, p. 121):

[...] o quesito "boa aparência", um eufemismo sistematicamente denunciado pelas mulheres negras como uma forma sutil de barrar as aspirações dos negros, em geral, e das mulheres negras, em particular, revelava em números, no mercado de trabalho, todo o seu potencial discricionário.

A mulher negra, portanto, inserida em relações patriarcais e racistas, encontra-se na pior escala social, ocupando, por exemplo, os postos de trabalho mais precarizados e mal remunerados, e expostas a maiores situações de violências, como trataremos a seguir. O tema da violência contra a mulher, portanto, bem como os demais pilares de que tratamos para o entendimento do patriarcado, não pode prescindir da dimensão étnico-racial, assim como de classe.

1.2.4 Violência contra a mulher

Compreendemos o fenômeno da violência contra a mulher (VCM) como resultante de uma estruturação de relações patriarcais da sociedade. Ao mesmo tempo, dialeticamente, essa violência estrutura o patriarcado, pois diz respeito à apropriação dos corpos e da vida das mulheres em múltiplos sentidos. Não se restringem, portanto, as relações individuais, conjugais, familiares, ainda que as atravesse fortemente.

A violência contra a mulher é uma "violação sistemática de direitos humanos" (Táboas, 2014, p. 99), que fere e afeta não apenas a integridade física, mas também emocional e subjetiva. Para Alemany (2009, p. 271), ela consiste em:

> [...] todos os atos que, por meio de ameaça, coação ou força, lhes infligem, na vida privada ou pública, sofrimentos físicos, sexuais ou psicológicos com finalidade de intimidá-las, puni-las, humilhá-las, atingi-las na sua integridade física e na sua subjetividade.

Nesse sentido, é um ato de coerção contra as mulheres, independentemente do meio onde ocorre ou de quem comete (Barroso, 2015). Entendemos, portanto, que a violência contra mulher não se limita ao ambiente doméstico, embora seja um lugar comum de ocorrê-la, sendo comumente praticada pelo cônjuge ou ex-cônjuge, pelo pai e irmãos. O lugar supostamente seguro, idealizado como um espaço por excelência de amor, proteção e acolhimento é, muitas vezes, lócus privilegiado da violência contra a mulher.

Ao entendermos a violência contra a mulher de forma estruturante, consideramos que as denominações violência doméstica, familiar, intrafamiliar e conjugal não contemplam a caracterização da violência nesta sociedade patriarcal. Nesse mesmo sentido, consideramos que violência de gênero não explicita a condição específica da mulher como sujeito central de violações advindas de uma sociedade patriarcal perpetrada por violência. É indispensável dar visibilidade aos sujeitos que estabelecem as relações de antagonismo e conflitos nas relações patriarcais, no caso, centralmente, homem em relação à mulher. Violência de gênero não necessariamente é contra uma mulher. Referir-se à violência de gênero como sinônimo de violência contra a mulher significa cairmos na armadilha da ocultação do sujeito mulher, o que politicamente é uma perda em termos de potencial de denúncia e organização feminista. Daí nossa opção teórico-política pela denominação violência contra a mulher.

Como apontamos, a violência contra a mulher ocorre além das relações conjugais e familiares. Por isso, como reforça Barroso (2015), é necessário atentarmos para a totalidade da questão, ampliando a análise para além do âmbito doméstico, com o cuidado de não fragmentar ou dissociar as manifestações de violências estruturais das interpessoais.

A VCM ocorre em âmbito interpessoal porque as mulheres não possuem autonomia sobre o corpo e a vida, porque não são valorizadas e respeitadas socialmente. Logo, essa violência é reflexo das relações patriarcais, as mesmas que provocam violações e explorações em âmbito estrutural, como trabalharmos mais e ganharmos menos e termos nossos corpos mercantilizados.

Como aponta Bandeira (2009, p. 8), são múltiplas as manifestações e situações de violência contra as mulheres:

> A categoria "violência contra a mulher" embora revestida de complexidade conceitual, além de ser polissêmica e multicausal, é tomada como um instrumento de controle viril sobre os corpos femininos, que abriga um repertório de práticas diversas em intensidade e extensão.

Como vimos, segundo Saffioti (2004), o patriarcado é regido pela dinâmica entre controle e medo. Essa dinâmica atinge de maneira vil as mulheres e se manifesta em diversas formas de violência, como a física, a sexual, a psicológica, a patrimonial, a moral, a obstétrica e a social.

A violência física é aqui entendida como qualquer ação ou omissão que ofenda a integridade física e a saúde corporal de alguém (Barroso, 2002). Para Marlise Vinagre (1992, p. 66), esse tipo de violência "nada mais é do que a materialização exacerbada de uma situação de violência anterior constituinte da relação entre os sexos".

Para Saffioti (2004, p. 65), a realidade da violência contra a mulher "estava bem escondida". Foi graças aos estudos e às lutas feministas que essa realidade passou a ganhar a devida visibilidade, tanto no campo da produção de conhecimento, quanto como um problema de ordem pública e, como tal, passa a demandar respostas políticas do Estado.

No campo jurídico, a violência física é descrita como lesão corporal. A lesão corporal pode se apresentar de diversas maneiras: agressões físicas (socos, chutes, tapas, puxão de cabelo) ou agressões com qualquer tipo de objeto que possa machucar ou prejudicar a saúde da pessoa. A lesão corporal pode ser de natureza leve ou grave, conforme prevê o Código Penal Brasileiro. A lesão corporal de natureza leve é aquela que não causa grande ofensa à integridade corporal, embora possa originar traumas psicológicos. É apenas considerada lesão corporal de natureza grave, conforme o artigo 129 do Código Penal Brasileiro, a agressão de que resulte: incapacidade para as ocupações habituais por mais de 30 dias; perigo de vida; debilidade permanente de membro, sentido ou função; aceleração de parto; incapacidade permanente para o trabalho; enfermidade incurável; perda ou inutilização de membro, sentido ou função; deformidade permanente.

A violência sexual compreende uma variedade de atos ou tentativas de relação sexual sob coação ou fisicamente forçada no casamento, em outros relacionamentos ou no trabalho. De acordo com a Lei Maria da Penha, a violência sexual é:

> [...] entendida como qualquer conduta que a constranja a presenciar, a manter ou a participar de relação sexual não desejada, mediante intimidação, ameaça, coação ou uso da força; que a induza a comercializar ou a utilizar, de qualquer modo, a sua sexualidade, que a impeça de usar qualquer método contraceptivo ou que a force ao matrimônio, à gravidez, ao aborto ou à prostituição, mediante coação, chantagem, suborno ou manipulação; ou que limite ou anule o exercício de seus direitos sexuais e reprodutivos (Brasil, 2006).

Conforme Barroso (2015), estudos têm apontado que a maioria dos estupros ocorre em um contexto de violência física em vez de paixão sexual ou como meio para a satisfação sexual, ou seja,

> [...] a força ou a ira dominam, e que o estupro, em vez de ser principalmente uma expressão de desejo sexual, constitui, de fato, o uso da sexualidade para expressar questões de poder e ira. O estupro, então, é um ato pseudossexual, um padrão de comportamento sexual que se ocupa muito mais com o status, agressão, controle e domínio do que com o prazer sexual ou a satisfação sexual. Ele é comportamento sexual a serviço de necessidades não sexuais (Kolodny; Masters; Johnson *apud* Andrade, 2005, p. 26).

Nesse sentido, a violência sexual é resultante do patriarcado, da dominação masculina e da falocracia, por meio do controle da sexualidade feminina (Barroso, 2015).

A violência psicológica está presente em todas as manifestações da violência contra as mulheres. É definida, de acordo com o inciso II do artigo 7º da Lei 11.340/2006 (Lei Maria da Penha), como:

[...] qualquer conduta que lhe cause dano emocional e diminuição da autoestima ou que lhe prejudique e perturbe o pleno desenvolvimento ou que vise a degradar ou controlar suas ações, comportamentos, crenças e decisões, mediante ameaça, constrangimento, humilhação, manipulação, isolamento, vigilância constante, perseguição contumaz, insulto, chantagem, ridicularização, exploração e limitação do direito de ir e vir ou qualquer outro meio que lhe cause prejuízo à saúde psicológica e à autodeterminação.

De acordo com Sagot (2007), a violência psicológica pode ser tão grave quanto as agressões físicas, por afetar a autoestima, a segurança e a confiança em si mesma. Essa violência não deixa marcas explícitas no corpo, mas pode ser ainda mais dolorosa, pois, como nos diz Saffioti (2004, p. 63), "os resultados dessas agressões não são feridas no corpo, mas na alma [...] a humilhação provoca uma dor muito profunda".

A violência patrimonial, de acordo com o artigo 7°, inciso IV, da Lei Maria da Penha, é "entendida como qualquer conduta que configure retenção, subtração, destruição parcial ou total de seus objetos, instrumentos de trabalho, documentos pessoais, bens, valores e direitos ou recursos econômicos, incluindo os destinados a satisfazer suas necessidades". Essa violência é bastante comum em brigas, quando se destroem ou se retêm objetos não necessariamente de valor monetário, mas sentimental, para fragilizar a mulher. O bloqueio de acesso a um determinado objeto também é utilizado como forma de controle, por exemplo, reter/quebrar celular ou deter chave de carro. São formas de dificultar a comunicação e a sociabilidade da mulher. Além de ser comum em momentos de brigas, é também muito frequente a violência patrimonial ocorrer em processos de separação, quando o direito à repartição dos bens é negligenciado ou mesmo burlado.

A violência moral é outra forma de violência tipificada na Lei Maria da Penha. Segundo o artigo 7°, inciso V, essa violência é "entendida como qualquer conduta que configure calúnia, difamação ou injúria".

A violência obstétrica está diretamente vinculada à concepção da mulher como "coisa" e não como ser humano. Concepção resultante de relações de "sexagem", que, segundo Guillaumin (2005, [1978]), é um prolongamento dos conceitos de escravidão e servidão. Ainda segundo essa autora, por intermédio da sexagem, as mulheres são resumidas ao sexo, sendo apropriadas não apenas no que diz respeito à sua força de trabalho, mas, também, ao seu corpo e à sua vida. A sexagem, portanto, diz respeito à apropriação material concreta da individualidade corporal das mulheres, em um processo que as tira da condição de sujeito e as tornam "coisas".

Para Medina (2009, p. 3, tradução nossa), a violência obstétrica é entendida como:

> [...] qualquer conduta, ato ou omissão por parte de profissionais de saúde que, direta ou indiretamente, tanto nos espaços públicos quanto nos privados, afetem o corpo e o exercício da saúde sexual e reprodutiva das mulheres, expressos em um tratamento desumanizado, em abuso de medicalização e patologização dos processos naturais.

Essa violência pode ocorrer "durante a assistência pré-natal, parto, cesárea, pós-parto ou aborto e, assim como outras, é fortemente condicionada por preconceitos de gênero, de raça ou etnia, de classe socioeconômica, de geração ou de orientação sexual" (Kondo; Werner, 2013, p. 139). Essa ressalva das condicionalidades que permeiam a violência obstétrica é importante para que percebamos como dimensões como raça e classe determinam vivências diferenciadas ou mais intensificadas de violência. É muito comum a existência da discriminação de classe e do racismo institucional nas instituições públicas e privadas, como nas maternidades, lócus privilegiado da violência obstétrica. Todavia, esse tipo de violência atravessa as paredes de hospitais e maternidades. Ela pode ocorrer no seio da família ou em qualquer espaço público. Uma das manifestações comuns desse tipo de violência é a cobrança da amamentação, ainda que a mulher esteja com seios feridos, pois, na concepção patriarcal de maternidade, cabe à mãe qualquer sacrifício em nome das(os) suas(seus) filhas(os). Da mesma forma, é considerada violência obstétrica quando uma mulher é impedida de amamentar ou mesmo quando se dificulta o aleitamento materno. São outros exemplos dessa forma de violência: impedimento da entrada da(o) acompanhante escolhida(o) pela mulher no momento do parto; realização de procedimentos desnecessários que causem dor ou dano físico, como a realização de exames de toque/remoção de rebordo de colo abusivos durante o trabalho de parto e de rotina; internação precoce; qualquer ação verbal ou comportamental que cause na mulher sentimentos de inferioridade, medo ou instabilidade emocional; cesariana marcada sem indicação clínica e sem consentimento esclarecido; impedir ou retardar o contato do bebê com a mulher após o parto; levar os recém-nascidos aos berçários sem nenhuma necessidade médica; esterilização sem esclarecimento e/ou consentimento etc.

A violência social contra a mulher manifesta-se nas desvalorizações sofridas pelas mulheres no âmbito público, como nas desigualdades no mundo do trabalho, na desvalorização do nosso corpo em letras de músicas e na mercantilização em propagandas comerciais, nos racismos e sexismos institucionais etc.

Todas essas formas de violência estão relacionadas à desvalorização da mulher nessa sociedade patriarcal, que nos concebe como coisas a serviço dos outros, como objetos de satisfação, inclusive, sexual, ou mesmo como pessoas que têm obrigação de estar sujeitas ao sacrifício e à dor em nome de outros. Essa obrigação é bastante perceptível, por exemplo, nas violências obstétricas, que nos demonstram como a violência contra a mulher não pode ser concebida apenas como algo limitado ao espaço familiar, doméstico. Na verdade, a lógica patriarcal que se faz presente nas relações familiares é a mesma que se encontra nos ambientes de trabalho, em maternidades e hospitais, nos meios de comunicação e propaganda, nas rádios e nas ruas, onde somos expostas cotidianamente à violência e ao assédio sexual.

Todas essas formas de violência prejudicam a autoestima, afetam, muitas vezes, a saúde mental da mulher e, frequentemente, refletem também em adoecimento físico.

Todas as formas de violência contra a mulher, como a ocorrida em relações interpessoais ou em relações sociais coletivas, encontram uma determinação comum: o patriarcado. Isso provoca a necessidade de investimento por parte do Estado em todas as políticas públicas, tanto para atuar na prevenção e no enfrentamento às violências, como para possibilitar o devido atendimento, acolhimento e orientação às vítimas, por meio da rede especializada composta por Centro de Referência Psicossocial e Jurídico, Casa Abrigo e Juizados Especiais, como preconiza a Lei Maria da Penha.

Hospitais públicos e outras unidades de saúde também são instituições importantes para o enfrentamento da violência, pois, por vezes, são porta de entrada para o acolhimento da mulher vitimizada. Por isso, são fundamentais a notificação e o encaminhamento da mulher para o Centro de Referência Psicossocial e Jurídico. Essa porta de entrada pode ser também o Centro de Referência de Assistência Social (CRAS) e o Centro de Referência Especializado de Assistência Social (CREAS), por exemplo. Pode ocorrer em qualquer instituição onde atuemos, por isso a necessidade de entender sobre esse tema, bem como a legislação que o envolve, com destaque para a Lei Maria da Penha.

Além dessa rede de equipamentos diretamente ligada à questão da violência contra a mulher, ressaltamos a importância do investimento público na prevenção da violência por meio de uma educação não sexista nas escolas, pela construção de legislações que vetem a desvalorização social da mulher, bem como do investimento em política de emprego e renda que não reforce a divisão sexual do trabalho.

1.3 A classe trabalhadora é una e diversa: há sexo, sexualidade e raça

As diferentes expressões da desigualdade social passam a existir na medida em que a exploração do trabalho e a propriedade privada construíram os fundamentos das relações entre os seres sociais. Na teoria marxista, encontramos a explicação de que o fundamento histórico-econômico da desigualdade social reside na divisão entre as classes sociais antagônicas (burguesia x trabalhadora). A classe trabalhadora produz a riqueza e a burguesia tem seu usufruto. Ou seja, a riqueza é social e coletivamente produzida, mas privadamente apropriada. Cinde-se, assim, a humanidade entre os que detêm poder econômico e político, com o controle dos meios de produção e da propriedade privada, e os que possuem apenas sua força de trabalho para sobreviver. É preciso compreender, portanto, que as classes não são abstrações, mas resultam de relações sociais concretas. Além disso, não são apenas personificações econômicas, e sim compostas por pessoas e grupos de pessoas, que são marcadas por ideologias que naturalizam inferiorizações e desvalorizações em torno da sua diversidade. Em outras palavras, as diferenças, próprias da diversidade humana, em uma sociedade racista, heterossexista e patriarcal, são transformadas em desigualdades naturalizadas. São essas expressões da diversidade transformadas em desigualdades que particularizam as condições de vida e de trabalho de uma mesma classe.

Seguindo o método materialista histórico-dialético, é preciso problematizar, em uma perspectiva de totalidade, que as relações sociais de sexo (incluindo sexualidade) e as étnico-raciais conformam as classes sociais.

Ainda de acordo com esse método, sabemos que toda ideologia tem uma base material. Logo, o racismo e o patriarcado não nasceram no campo das ideias, mas são historicamente construídos e decorrentes de relações materiais de exploração e opressão. Em síntese, as classes sociais, a propriedade privada e a forma mercadoria estruturam o capitalismo, as relações sociais de sexo, o patriarcado e as relações sociais de raça, o racismo. Essas três relações sociais por serem permeadas pela exploração da força de trabalho, são estruturantes da totalidade da vida social, do sistema heteropatriarcal-racista-capitalista.

Segundo Saffioti (1987, p. 60):

> [...] o patriarcado é o mais antigo sistema de dominação-exploração. Posteriormente, aparece o racismo, quando certos povos se lançam na conquista de outros, menos preparados para a guerra. Em muitas dessas conquistas, o sistema de dominação-exploração do homem sobre a mulher foi estendido aos povos vencidos.

Para entendermos a construção histórica desses sistemas, é importante questionarmos seus fundamentos sócio-históricos e ideológicos. A quem atendeu/atende a ideia de que uma pessoa negra e/ou uma mulher (especialmente a negra) não têm valor? Por que os(as) escravizados(as) foram considerados seres sem alma pela Igreja Católica? Por que a cidadania lhes foi negada? Por que foram vistos como animais que só serviam para o trabalho manual?

São perguntas simples, mas as respostas de todas elas nos ajudam a compreender como a opressão e a ideologia racistas atendem a interesses para fins de exploração da força de trabalho. Um negro não ter valor significa poder escravizá-lo. Da mesma forma, quando analisamos a ideologia patriarcal e suas bases materiais, chegamos à conclusão de que a desvalorização e a coisificação da mulher também atendem aos interesses de exploração. Isso ocorre tanto no campo do trabalho remunerado (por possuir uma força de trabalho mais barata, portanto, gerar maiores lucros), quanto por meio da garantia de grande parte das condições de existência da força de trabalho, por intermédio do trabalho reprodutivo antroponômico das mulheres, geralmente, não remunerado por ser considerado obrigação "natural" feminina.

Em poucas palavras: o racismo e o patriarcado estruturam as classes sociais e as relações de exploração entre elas e, também, em seu interior.

Ou seja, como são estruturantes, o racismo e o patriarcado atravessam todas as relações sociais e dão substância às relações de opressão e exploração inter e entre classes. Vejamos. Uma mulher e um homem da classe trabalhadora. Ambos sofrem exploração da sua classe antagônica, todavia, historicamente a mulher sofre maior nível de exploração, ao ter sua força de trabalho mais desvalorizada e exposta aos trabalhos mais desprestigiados e precarizados. Esse homem, dentro de uma sociedade patriarcal, embora submetido a outra classe (inclusive a possíveis mulheres burguesas — geralmente brancas), possui poder sobre as mulheres da sua classe. Claro que isso não é fixo, mas ocorre hegemonicamente, dado o poder das ideologias de naturalizações de dominações. Todavia, se essa mulher for branca e o homem for negro, ela terá privilégios que ele não terá, ainda que a lógica sexista da sociedade patriarcal não elimine seus privilégios como homem diante dela.

Nesse sentido, classe, raça e sexo são indissociáveis para que possamos fazer análise de qualquer fenômeno social nesta sociedade. Dito de maneira diferente, é preciso compreender que a classe, além de ter sexo, possui raça/etnia, e essas dimensões imprimem condicionalidades que estruturam de forma diferente as vivências das formas de exploração e opressão nesta sociedade.

Defendemos a importância da classe não no sentido de hierarquizar as categorias em ordem de importância, secundarizando raça e sexo à classe. Não entendemos que as questões étnico-raciais, de sexualidade e de sexo são decorrentes, tampouco, secundárias às relações de classe, mas também estruturam essas relações. Da mesma forma, as classes estruturam essas relações, ainda que não as esgotem.

Por que então defendemos a categoria classe como fundante desta sociabilidade? Foi no processo histórico da exploração do homem/mulher sobre o homem/mulher, desde a sua formação embrionária expressa na origem da propriedade privada associada à construção de sociedades escravistas e feudais, que o racismo e o patriarcado se constituíram. Isso significa dizer que não foram o racismo e o patriarcado que fundaram a exploração, mas, ao contrário, foi a exploração do trabalho que deu fundamento à existência desses sistemas. Assim, embora anterior à sociedade de classes no capitalismo, o patriarcado e o racismo têm sua determinação fundante na exploração do trabalho que, por sua vez, determina particularidades em relação à existência das classes no capitalismo e permanece demandando a existência de relações racistas e patriarcais, associadas à exploração da classe trabalhadora.

Reconhecemos, ainda, que independentemente da classe, ainda que não de forma indiferenciada, a população negra e indígena sofre racismo, assim como as mulheres sofrem opressão patriarcal. Entender, todavia, a classe como estruturante nos permite apreender que não basta ser mulher ou negra ou LGBT para que, por exemplo, votemos em alguém para que nos representem no poder executivo ou legislativo. Afinal, mulheres exploram mulheres, negras exploram negras, *gays* exploram *gays*, por exemplo. Nessa perspectiva, disserta Cecília Toledo (2001, p. 9-10) sobre a divisão de classe entre as mulheres:

> [...] a verdade é que as mulheres estão irremediavelmente divididas dentro do sistema capitalista. Não porque queiramos, mas porque vivemos vidas diferentes. A mulher burguesa não tem nada a ver com a mulher operária e trabalhadora, com a mulher pobre das periferias das grandes cidades, das favelas e do campo. A cada dia se aprofunda o abismo entre elas, e isso porque suas condições materiais de vida ficam cada vez mais diferenciadas. O que as leva a vivenciar o que é próprio do gênero feminino (aquilo que as une) de maneira diferente. Ser mulher para umas é bem diferente de ser mulher para outras. A mulher burguesa, por mais oprimida que seja como mulher, não tem dupla jornada[32], não passa o dia trabalhando, não tem de lutar por sua sobrevivência. Ela não é explorada. Pelo contrário. Explora outras mulheres e homens. Nunca ouvimos falar de uma mulher burguesa que tivesse sangrado até a morte por um aborto clandestino. Nunca vimos uma mulher burguesa passar por uma revista íntima na porta de uma fábrica. Nunca vimos uma madame gritando na porta de uma escola para conseguir vaga para o filho. Nunca soubemos de uma *socialite* que deixasse seu filho pequeno com a vizinha por falta de creche no local de trabalho, nem tampouco que precisasse de auxílio-maternidade.

Em última instância, pois, a perspectiva de classe é quem define o direcionamento das nossas lutas, ainda que saibamos que o projeto emancipatório deve, necessariamente, contemplar as lutas por igualdade étnico-racial, entre os sexos e por liberdade e diversidade sexual.

---

32. Em nosso entendimento trata-se de jornada intensiva, extensiva e intermitente de trabalho (Ávila, 2009).

Defender classe como uma dimensão fundante parte do entendimento de que ontologicamente ela determina e estrutura as relações desiguais na sociedade capitalista, inclusive a condição de vivência diferenciada das diversas opressões. Não queremos dizer com isso, todavia, que as relações sociais de raça e sexo não estruturam esta sociedade. Até porque, como já afirmamos, tais relações estruturam as próprias classes, já que não são homogêneas. Trata-se de reconhecer que enquanto houver classe social e propriedade privada haverá exploração, dominação e imposição econômica para homogeneizar os indivíduos e o modo de viver em detrimento do reconhecimento da diversidade humana. Assim, não há possibilidade de emancipação humana, ainda que o racismo e o patriarcado também impossibilitem essa emancipação. A existência das classes sociais impossibilita uma sociedade igualitária, posto que o antagonismo e as contradições que as constituem são cimentadas pela exploração e desigualdade de acesso à riqueza socialmente produzida. Como nos diz Saffioti (2004, p. 107): "a contradição não encontra solução neste regime. Ela admite a superação, o que exige transformações radicais no sentido da preservação das diferenças e da eliminação das desigualdades".

Entendemos que a emancipação humana demanda, juntamente com a eliminação das classes, a superação do racismo e do patriarcado como sistemas que não apenas integram as classes, mas, também, estruturam desigualdades, opressões e explorações, dimensões incompatíveis com uma vida de liberdade e igualdade substantivas.

Assim, embora partamos da premissa de que a classe não esgota as relações étnico-raciais, nem as relações sociais de sexo, ela não só divide os sujeitos que vivenciam o racismo, a opressão e a exploração patriarcal, mas, ao mesmo tempo, possibilita unificá-los em torno de um projeto societário comum. Daí compreendermos a classe como unidade totalizante, pois possibilita universalizar as necessidades humanas para além de particularismos sem, contudo, negar as diferenças, ao contrário. Reconhecer e respeitar a diversidade é condição indispensável para a afirmação da igualdade. Até porque unidade significa que há diversidade, senão, seria homogeneidade. As classes sociais precisam ser entendidas na sua diversidade, sem se fragmentarem em torno de "identidades" isoladas. Como aponta Cisne (2005, p. 3):

> [...] diferenças e especificidades devem ser percebidas. No entanto, dentro desta sociedade, não podem ser vistas isoladas de suas macrodeterminações, pois, por mais que "o gênero una as mulheres", a homossexualidade una gays e lés-

bicas, a geração una as(os) idosas(os) ou jovens, etc., a classe irá dividi-las(os) dentro da ordem do capital. A classe é, pois, quem determina como essas mais variadas expressões de opressões irão ser vivenciadas por esses sujeitos. Assim é que uma mulher da classe dominante explora uma mulher da classe trabalhadora, uma idosa pode explorar outra idosa, uma negra pode explorar outra negra. Os movimentos sociais devem, portanto, ter como cerne a luta de classes.

É preciso entender as classes como relações sociais que, como a nomenclatura sugere, não são átomos, mas necessariamente possuem vínculos, imbricamentos, enfim, estão consubstanciadas e são coextensivas com outras relações sociais, destacadamente as de sexo e raça. Admitir, pois, particularidades tais como as que afloram da orientação sexual, da identidade de sexo; da raça e das relações sociais de sexo não significa a defesa de uma lógica particularista, que simplesmente opõe uma forma de opressão a outra e dissemina entre os indivíduos uma noção de pertencimento exclusivo a um grupo, sem estabelecer interações com a totalidade social.

Para o entendimento do entrelaçamento entre sexo, raça e classe, trataremos das diferenças e semelhanças entre as concepções de interseccionalidade e consubstancialidade-coextensividade dessas relações, no item a seguir.

1.3.1 Consubstancialidade-coextensividade e interseccionalidade das relações sociais de sexo (e sexualidade)/gênero, raça/etnia e classe

> *O patriarcado-racismo-capitalismo é um sistema simbiótico vivo, forte e violento*
> (Táboas, 2014, p. 66)

A perspectiva da interseccionalidade é originária do *Black Feminism* (feminismo negro), movimento que criticou de maneira radical o feminismo branco, de classe média, heteronormativo (Hirata, 2014, p. 62). Ainda que o termo interseccionalidade tenha sido cunhado apenas em 1989, a preocupação em problematizar as opressões e suas interações já se fazia presente. De acordo com Brah (2007, p. 249):

> Nos EUA as tensões políticas no feminismo envolvendo as inter-relações entre "raça" e outros fatores como classe e gênero datam das campanhas

antiescravidão. Durante a década de 1830, por exemplo, as mulheres estadunidenses se tornaram cada vez mais ativas no movimento abolicionista, contexto no qual aprenderam a defender seus próprios direitos de se envolver no trabalho político e onde suas experiências de relativa marginalização as compeliram a formar sociedades de mulheres antiescravagistas separadas [das sociedades antiescravagistas de homens]. A primeira sociedade feminina antiescravagista foi formada em 1832 por mulheres negras de Salem, Massachusetts, seguidas por sociedades similares estabelecidas por mulheres brancas de outros locais.

Flora Tristan,[33] em 1845 na França, também já problematizava a opressão das mulheres em sua interação com classe, quando publicou a obra *A emancipação da mulher* (inédita até 1846). Além de relacionar sexo e classe, Flora também questionou a condição das imigrantes na Europa, o que em alguma medida possibilitou a discussão do racismo, ainda que não tão desenvolvida.

Um dos mais significativos marcos da problematização sobre o entrelaçamento das opressões entre sexo, raça e classe foi um manifesto, de 1977, do Combahee River Collective.[34]

Esse manifesto, além de denunciar o racismo no interior do movimento feminista de mulheres brancas, expõe a existência e a necessidade de análise do intercruzamento das opressões por sexo, raça, classe, sexualidade. Além disso, aponta a centralidade da luta pela liberação das mulheres negras, o que demanda a luta contra não apenas o racismo, mas também contra as opressões sexistas, de classe e de sexualidade. Assim, esse Coletivo defende a necessidade de um movimento negro voltado para a superação do capitalismo, do imperialismo e do patriarcado — incluindo a heterossexualidade obrigatória (Combahee River Collective Statement, 1982 [1977]).

Nessa mesma perspectiva, ganham destaque na década de 1980 as publicações das feministas negras Angela Davis (2016) e Bell Hooks (1981) que publicam, respectivamente, *Women, race and class* e *Ain't I a woman? Black*

---

33. Flora Tristan, nascida em 1803 na França, mas de ascendência peruana, foi uma escritora e ativista socialista, considerada uma precursora do feminismo articulado ao socialismo. Escreveu em 1843 a obra *A união operária*, na qual defende a organização e a unidade da classe trabalhadora. Livro presente na biblioteca de Marx, que o influenciou assim como a Engels, na publicação do *Manifesto do Partido Comunista*, em 1848, quando defendem: "Trabalhadores de todo o mundo, uni-vos", ideia antecipada por Flora no livro citado.

34. Coletivo formado em 1973, em Boston, por mulheres negras e lésbicas.

women and feminism. Ambas problematizaram a homogeneidade da categoria "mulher", e afirmaram a necessidade de considerar a combinação das desigualdades de "raça" e classe social.

O termo interseccionalidade, no entanto, foi escrito pela primeira vez, segundo Hirata (2014), pela jurista afro-americana Kimberlé W. Crenshaw em 1989, quando juntamente com outras autoras inglesas, norte-americanas, canadenses e alemãs, passam a teorizar sobre o conceito.

Foi sob o estímulo do feminismo negro que, nos anos 1990, a problemática da interseccionalidade passa a ser desenvolvida nos países anglo-saxônicos.

De acordo com Hirata (2014, p. 69): "A interseccionalidade é vista como uma das formas de combater as opressões múltiplas e imbricadas, e portanto como um instrumento de luta política".

Crenshaw (2002) buscou analisar os sistemas múltiplos de subordinação que são descritos de diferentes modos: discriminação composta, cargas múltiplas ou como dupla ou tripla discriminação. Para Crenshaw (2002, p. 177, destaques nosso), a interseccionalidade:

> [...] busca capturar as consequências estruturais e dinâmicas da interação entre dois ou mais eixos da subordinação. Ela trata especificamente da forma pela qual o racismo, o patriarcalismo, a opressão de classe e outros sistemas discriminatórios criam desigualdades básicas que estruturam as posições relativas de mulheres, raças, etnias, classes e outras. Além disso, a interseccionalidade trata da forma como as políticas específicas geram opressões que fluem ao longo de tais eixos, constituindo aspectos dinâmicos ou ativos do desempoderamento.
>
> Utilizando uma metáfora de interseção, faremos inicialmente uma analogia em que os vários eixos de poder, isto é, raça, etnia, gênero e classe constituem as avenidas que estruturam os terrenos sociais, econômicos e políticos. [...] através delas que as dinâmicas do desempoderamento se movem. Essas vias serão por vezes definidas como eixos de poder distintos e *mutuamente excludentes*; o racismo, por exemplo, é distinto do patriarcalismo, que por sua vez é diferente da opressão de classe. Na verdade, tais sistemas, frequentemente, se sobrepõem e se cruzam, criando interseções complexas nas quais dois, três ou quatro eixos se entrecruzam.

Crenshaw dará ênfase "sobretudo as intersecções da raça e do gênero, abordando parcial ou perifericamente classe ou sexualidade" (Hirata, 2014, p. 62). Além disso, como podemos perceber na citação anterior, o seu método não apenas diferencia os eixos de subordinação, mas permite analisá-los de maneira isolada um do outro. Eles podem se cruzar ou se sobrepor, como também se excluírem mutuamente.

Diferentemente, a perspectiva da consubstancialidade/coextensividade das relações sociais defende um método de análise com o qual as relações sociais de sexo, raça e classe são apreendidas como indissociáveis. Esclarece-nos Kergoat (2012, p. 126-127):

> As relações sociais são consubstanciais: elas formam um nó que não pode ser sequenciado no nível das práticas sociais, apenas em uma perspectiva analítica da sociologia; e elas são coextensivas: implantando as relações sociais de classe, de gênero e de "raça", se reproduzem e se coproduzem mutuamente (tradução nossa).

Essa perspectiva é inaugurada no final dos anos 1970 por Danièle Kergoat. No seu surgimento, articulava apenas sexo e classe, mas tomou parte de um debate mais geral, no âmbito do feminismo francófono de perspectiva crítica, sobre a articulação entre produção e reprodução social. Mais tarde, Kergoat passa a trabalhar a imbricação entre sexo, raça e classe. Essa imbricação entre sexo, raça e classe não significa dizer que uma esgota a outra ou que se fundem de forma tal a não possuírem singularidades. Argumenta Kergoat (2010, p. 100):

> A ideia de consubstancialidade [...] não implica que tudo está vinculado a tudo; implica apenas uma forma de leitura da realidade social. É o entrecruzamento dinâmico e complexo do conjunto de relações sociais, cada uma imprimindo sua marca nas outras, ajustando-se às outras e construindo-se de maneira recíproca. Como disse Roland Pfefferkorn, "essas relações estão envolvidas intrinsecamente umas com as outras. Elas interagem e estruturam, assim, a totalidade do campo social". Mas o fato de as relações sociais formarem um sistema não exclui a existência de contradições entre elas: não há relação circular; a metáfora da espiral serve para dar conta do fato de que a realidade não se fecha em si mesma. Portanto, não se trata de fazer um tour de todas as relações sociais envolvidas, uma a uma, mas de enxergar os entrecruzamentos e as interpenetrações que formam um "nó" no seio da individualidade ou um grupo.

Com essa linha de pensamento, Kergoat (2010, p. 98) critica a perspectiva "geométrica" da interseccionalidade, pois afirma que "[...] pensar em termos de cartografia nos leva a naturalizar as categorias analíticas [...]. Dito de outra forma, a multiplicidade de categorias mascara as relações sociais".

Assim, além da caracterização geométrica e cartográfica, outra crítica à interseccionalidade é a incorporação de outras dimensões para além de classe, sexo e raça, que não são consideradas relações sociais estruturantes. Na verdade, o problema, a nosso ver, não está em considerar outras categorias, mas em desconsiderar as relações sociais antagônicas que determinam as desigualdades sociais. Segundo Hirata (2014, p. 65-66):

> [...] o ponto essencial da crítica de Kergoat ao conceito de interseccionalidade é que tal categoria não parte das relações sociais fundamentais (sexo, classe, raça) em toda sua complexidade e dinâmica. Entretanto, há outra crítica que nem sempre fica explícita: a de que a análise interseccional coloca em jogo, em geral, mais o par gênero-raça, deixando a dimensão classe social em um plano menos visível.

Do ponto de vista da crítica à perspectiva geométrica/matemática, entendemos que classe, "raça" e relações sociais de sexo (incluindo a sexualidade) não compõem apenas relações superpostas, adicionais ou mesmo com "intersecções", como defende Crenshaw (1989) entre as relações de "gênero" e "raça". Considerarmos que elas são relações adicionais ou somáveis é cair na segmentação positivista de entendê-las separadas e não enoveladas dialeticamente, como defende Saffioti (2004, p. 125):

> O importante é analisar estas contradições na condição de fundidas e enoveladas ou enlaçadas em um nó. [...] Não que cada uma destas condições atue livre e isoladamente. No nó, elas passam a apresentar uma dinâmica especial, própria do nó. Ou seja, a dinâmica de cada uma condiciona-se à nova realidade. De acordo com as circunstâncias históricas, cada uma das contradições integrantes do nó adquire relevos distintos. E esta motilidade é importante reter, a fim de não se tomar nada como fixo, aí inclusa a organização social destas subestruturas na estrutura global, ou seja, destas contradições no seio da nova realidade — novelo patriarcado-racismo-capitalismo — historicamente constituída.

A ideia do nó nos lembra que, ao menos nas sociedades capitalistas, todo indivíduo pertence a uma classe, deve possuir um gênero (homem ou mulher) e é racializado. Contudo, esse indivíduo deve também ter uma expressão sexual e uma identidade de gênero, de modo que, sobretudo para aqueles que transgridam as formas e modelos sexuais dominantes, a sexualidade também seja uma relação de poder, que se expressa nas formas de opressão e nos mecanismos de controle sobre o "sexo" (Toitio, 2013, p. 2-3).

A ideia do novelo se diferencia da interseccionalidade, ao passo que nos ajuda a entender a proposta da consubstancialidade e da coextensividade. Um novelo é feito com uma única linha, ainda que entrelaçada e que possa apresentar alguns nós, mas é una, o que significa dizer que as dimensões de classe, raça e sexo são dialeticamente indissociáveis e entrelaçadas, não podem ser isoladas umas das outras (Pinheiro, 2016). Já na interseccionalidade não é uma única linha, são linhas diferentes que podem (ou não) se cruzar, ou melhor, não necessariamente o entrelaçamento será entre raça, classe e sexo. Assim, a perspectiva da consubstancialidade e da coextensividade:

> [...] dá centralidade ao entrecruzamento dinâmico e complexo do conjunto das relações sociais, cada uma imprimindo sua marca nas outras, ajustando-se às outras e construindo-se de forma recíproca. Essas relações interagem e estruturam a totalidade do campo social e podem, inclusive, entrar em contradição entre si (Toitio, 2013, p. 2).

Nesse sentido, é importante compreender que essas relações se fundem entre si, uma não esgota a outra, tanto que podem entrar em contradição entre si, posto que se inscrevem na dinâmica dialética e conflitual entre patriarcado-racismo-capitalismo. A linha do novelo é, portanto, esse sistema simbiótico, como nos aponta Saffioti (1987, p. 60):

> Com a emergência do capitalismo, houve a simbiose, a fusão, entre os três sistemas de dominação-exploração [...]. Só mesmo para tentar tornar mais fácil a compreensão deste fenômeno, podem-se separar estes três sistemas. Na realidade concreta eles são inseparáveis, pois se transformaram, através deste processo simbiótico, em um único sistema de dominação-exploração, aqui denominado patriarcado-racismo-capitalismo.

Apenas a análise de classe limitada a uma visão economicista não é suficiente, ao contrário, muitas vezes, cometeu ou ainda comete equívocos de não considerar a diversidade humana em sua totalidade. Da mesma forma, apenas a análise da condição de sexo seria insuficiente sem considerar a classe e a raça. Assim como a raça sem o sexo e a classe, também não corresponde a análise das desigualdades em sua dinâmica, complexidade e totalidade. Ou seja, não há como isolar nenhuma dessas dimensões umas das outras.

Outra dimensão importante a se considerar é a condição de quem vivencia na pele essas desigualdades, aliás, precisa não apenas ser considerada, mas ouvida e escrita pelos próprios sujeitos (negras/os, indígenas, mulheres, LGBTs) e por todos/as que, de fato, comungam com a luta por igualdade social. É, portanto, "indispensável integrar plenamente em nossas análises os efeitos conjugados de várias relações sociais de poder: de sexo (incluso sexualidade), de classe e de 'raça'"" (Falquet, 2008, p. 122). Para isso, é fundamental considerar, "sobretudo as interpretações das feministas racializadas e/ou proletárias e/ou lésbicas que devem, a meu ver, ser ouvidas e estudadas, se desejarmos produzir uma teoria e uma prática úteis à transformação social radical mais do que nunca necessária" (Idem). Esse entendimento parte da crítica de que:

> [...] as definições vigentes de neutralidade, objetividade, racionalidade e universalidade da ciência, na verdade, frequentemente incorporam a visão do mundo das pessoas que criaram essa ciência: homens — os machos — ocidentais, membros das classes dominantes [não negras] (LOWY, 2009, p. 40, inclusão nossa).

Em outras palavras, é importante partir da epistemologia feminista para construir conhecimento com ponto de vista situado, não de quem olha por cima para escrever sobre e sem as mulheres, negras, indígenas, lésbicas, bissexuais e trans.

Ressaltamos a importância da perspectiva da interseccionalidade, especialmente, por advir da militância das mulheres negras que passaram a exigir o seu reconhecimento político e a percepção de sua opressão particular. Ao reivindicar a raça, muitas mulheres também trouxeram o debate da classe, pois na condição de sujeito político as mulheres negras são, em sua maioria, marcadas por condições de exploração e pobreza. Logo, as mulheres negras contribuíram (e contribuem!) sobremaneira para o fortalecimento de uma perspectiva crítica, classista e antirracista para o feminismo. Por outro lado, embora muitas feministas adeptas da interseccionalidade trabalhem com as dimensões de raça, classe e sexo, não há uma obrigatoriedade de partir de uma expressão específica para se fazer a análise interseccional. Isso significa dizer que se podem considerar apenas algumas diferenças interseccionais, sem, necessariamente, remeter à análise dos sistemas de desigualdades de sexo, raça e classe. Esses sistemas são, portanto, relativizados ou mesmo prescindidos diante de outras expressões sociais da diversidade humana, como geração, nacionalidade e religião.

Embora reconhecemos a importância da perspectiva da interseccionalidade, inclusive, não apenas como arma crítica, mas como instrumento de luta, entendemos que a consubstancialidade-coextensividade, do ponto de vista do método de análise, oferece melhor correspondência ao materialismo histórico-dialético, tanto por não compreender as relações sociais estruturantes (sexo-raça e classe) em uma perspectiva geométrica, como por considerá-las de forma indissociável. A escolha dessas três relações não é aleatória, tampouco desconsidera a existência de outras expressões da diversidade humana, a exemplo de geração e religião. Todavia, as desigualdades sociais, permeadas por grupos/classes antagônicos que estabelecem exploração de um sobre outro, necessariamente, são entrelaçadas por classe, sexo e raça.

Assim, na perspectiva da consubstancialidade/coextensividade, nenhuma análise sobre as desigualdades pode prescindir dessas três relações sociais como estruturantes dos sistemas de exploração, ainda que possam ter mediações com outras opressões, embora sem relativizá-los ao ponto de estabelecer o mesmo estatuto teórico para relações diferenciadas. Em outras palavras, entende-se que essas relações sociais são estruturantes das desigualdades, embora não esgotem todo o debate da diversidade humana. A questão está em entender que diferenças e desigualdades não se confundem. Diferenças, inclusive, são necessárias, desde que não sejam transformadas em desigualdades e, sim, sejam possibilitadoras da pluralidade e diversidade humanas.

Assim, trabalhar com a consubstancialidade não impede de se trabalhar, por exemplo, com geração. Todavia, as relações sociais determinantes para a análise das desigualdades que envolvem a questão geracional serão classe, raça e sexo (incluindo sexualidade).

Para Hirata (2014, p. 63), o ponto maior de convergência entre a perspectiva da interseccionalidade e da consubstancialidade-coextensividade "é a proposta de não hierarquização das formas de opressão". Entendemos a importância e o desafio de não hierarquizar categorias ou mesmo relações sociais. Defendemos, entretanto, a determinação econômica, em última instância, que a classe empreende o que, para nós, não significa hierarquizar, mas reconhecer que mulheres, homens, a população LGBT, negra e indígenas são divididos entre si pela estrutura das classes sociais. Assim, embora tenham dimensões em cada um desses grupos que os identificam e os particularizam, a classe não apenas os divide irremediavelmente, como também diferencia a própria vivência das opressões. Mais uma vez, insistimos, isso não significa que tudo se esgota na classe ou que ela por si só seja suficiente para explicar os fenômenos. Apenas entendemos que é por meio da conformação e dinâmica das classes que as explorações e opressões se processam. Classes que, por sua vez, possuem sexo e raça. Como afirma Julie Matthaei (2002, p. 44), "não são contas distintas de um 'rosário' da identidade de alguém, mas sim processos interdeterminantes".

É nessa compreensão que entendemos a classe como uma totalidade, conformada em relações sociais concretas (incluindo sexo e raça), ao mesmo tempo que pode se constituir como um sujeito político universal voltado para a emancipação humana.

Atividades complementares e dicas culturais

Exercício 1

Objetivo: analisar criticamente a naturalização ideológica e a biologização dos papéis patriarcais impostos às mulheres.

Você já parou para refletir o porquê de a palavra homem ser comumente utilizada para representar toda humanidade? Se utilizássemos apenas pronomes femininos para nos referir aos homens e às mulheres, isso provocaria estranheza? Por quê?

Dica 1: a construção da nossa língua oficial é resultado de um processo de colonização patriarcal, cujas marcas são também sentidas na gramática.

Dica 2: como deliberação do 39º Encontro Nacional CFESS-CRESS realizado em 2010, foi alterado, pelo CFESS em 2011, o Código de Ética do(a) Assistente Social para contemplar o "reconhecimento da linguagem de gênero, adotando-se em todo o texto a forma masculina e feminina, simultaneamente. [...] expressa, para além de uma mudança formal, um posicionamento político, tendo em vista contribuir para negação do machismo na linguagem, principalmente por ser a categoria de assistentes sociais formada majoritariamente por mulheres" (In: CFESS, Código de Ética do(a) Assistente Social).

Assista ao curta: "Acorda, Raimundo... Acorda!" (disponível no Youtube — 15 minutos de duração) e reflita sobre os papéis e atribuições considerados masculinos e femininos. Com base no vídeo, debata:

1. Se no lugar de Raimundo fosse uma mulher, o mundo vivenciado no sonho do protagonista teria alguma semelhança com o mundo real? O mundo vivenciado no sonho de Raimundo provoca estranheza? Por quê?
2. Como você analisa os papéis atribuídos aos homens e às mulheres na realidade e no filme?
3. Que mundo você quer contribuir para construir?

Exercício 2

Objetivo: refletir, com uma perspectiva feminista, sobre a importância da desnaturalização do modelo patriarcal de mulher.

Ouça e leia na íntegra a música "Triste, louca ou má", de Francisco, el Hombre, e debata em grupo com suas e seus colegas:

> "Triste, louca ou má
> Será qualificada
> Ela quem recusar
> Seguir receita tal
> A receita cultural
> Do marido, da família [...]"

1. Como as mulheres são educadas? A quais interesses a educação sexista atende?
2. Qual a importância de as mulheres se apropriarem de si mesmas e deixarem de ser apropriadas a serviço dos desejos alheios, em detrimento dos seus?

Dica: está disponível no Youtube o videoclipe dessa música, que apresenta mulheres negras e gordas "desatando nós" de padronizações. Vale a pena conferir!

Exercício 3

Objetivo: analisar a divisão sexual do trabalho e a apropriação do tempo das mulheres.

Divida a turma em quatro grupos. Cada um desenhará um relógio, com as 24 horas do dia.
Para a construção dos relógios, considerar o que em geral ocorre, hegemonicamente, na maioria das famílias.

Grupo 1. Descrever em cada hora as atividades que, em geral, um homem realiza durante um dia útil.

Grupo 2. Descrever em cada hora as atividades que, em geral, um homem realiza durante um dia de domingo.

Grupo 3. Descrever em cada hora as atividades que, em geral, uma mulher realiza durante um dia útil.

Grupo 4. Descrever em cada hora as atividades que, em geral, uma mulher realiza durante um dia de domingo

Após a apresentação dos desenhos, observar conjuntamente quem trabalha mais e como se dá a apropriação do tempo das mulheres, provocando o debate coletivo em torno de perguntas como: Quem tem mais tempo livre? Quem tem tempo para si? Quais as implicações disso para a vida das mulheres?

Dica: marque os horários de acordar e dormir, além de todas as tarefas que você realiza ao longo do dia. Como está organizado o seu tempo? Como está organizado o tempo das demais pessoas do grupo? Quais as diferenças? O que explica essa situação?

Exercício 4

Objetivo: refletir sobre a diversidade sexual e a opressão vivenciada numa sociedade heteropatriarcal-racista-capitalista.

Ouça e leia na íntegra as músicas "Avesso", de Jorge Vercillo; "Mar e Lua", de Chico Buarque; e "Flutua", de Johnny Hooker e, em grupo, reflita com suas e seus colegas as dificuldades que um casal constituído por indivíduos LGBT pode sofrer em uma sociedade heterossexista, simplesmente para vivenciar livremente seus sentimentos.

> "Com dois canos pra mim apontados
> Ousaria te olhar, ousaria te ver
> Num insuspeitável bar, pra decência não nos ver
> Perigoso é te amar, doloroso querer
> [...] Somos homens pra saber o que é melhor pra nós
> O desejo a nos punir, só porque somos iguais
> A Idade Média é aqui [...]" (Jorge Vercillo)

"Amaram o amor serenado
Das noturnas praias
Levantavam as saias
E se enluaravam de felicidade
Naquela cidade
Que não tem luar [...]" (Chico Buarque)

"Um novo tempo há de vencer
Pra que a gente possa florescer
E, baby, amar, amar
Sem temer [...]" (Johnny Hooker)

Exercício 5

Objetivo: debater diversidade humana em uma perspectiva classista e de totalidade.

Pesquise na internet obras artísticas que retratem a diversidade humana e, ao mesmo tempo, a necessidade de unidade de classe, como a tela *Operários* de Tarsila do Amaral. Troque essas imagens com seus colegas e reflitam coletivamente sobre diversidade humana e pertencimento de classe.

Dica: aproveitem para conhecer um pouco mais de arte e da sua importância para a sociedade!

Sugestões bibliográficas

KAY, Jackie. *O trompete*. Rio de Janeiro: Record, 2002.

MÃE, Valter Hugo. *O filho de mil homens*. São Paulo: Cosac Naify, 2012. Capítulo IV: O filho da Matilde.

WOOLF, Virgínia. *Um teto todo seu*. São Paulo: Tordesilhas Alaúde, 2014.

Filmografia

Há muitos filmes disponíveis que permitem a reflexão sobre a temática do feminismo e da diversidade sexual, fizemos uma pequena indicação a seguir. Um bom exercício é criar um mural onde cada pessoa poderá contribuir inserindo uma dica de filme sobre essas temáticas e, assim, complementaremos as sugestões com a participação de todos(as).

A guerra do fogo (França, Canadá, 1981). Direção: Jean-Jacques Annaud

O filme retrata a história do fogo cruzada com a da humanidade em busca de condições de sobrevivência.

Indicado para refletir sobre o papel dos indivíduos na história e sobre a importância das escolhas em nossas vidas.

A vida dos outros (Alemanha, 2006). Direção: Florian Henckel von Donnersmarck

O filme mostra as complexas questões no campo da ética e da política.

Indicado para refletir sobre a capacidade humana de enfrentar situações adversas e sobre a relevância da coragem e do posicionamento ético-político.

Acorda, Raimundo... Acorda! (Brasil, 1990). Direção: Alfredo Alves

Trata-se de um curta de 15 minutos que inverte os papéis patriarcais atribuídos socialmente aos homens e às mulheres. Indicado para debater criticamente a divisão sexual do trabalho, e a naturalização da opressão e da exploração sobre as mulheres nas relações familiares.

As horas (Reino Unido-EUA, 2002). Direção: Stephen Daldry

Conta a história de três mulheres, cada uma em uma época (entre as décadas de 1920 e 1990) e lugares diferentes. Ligadas por um elemento comum, a opressão social de sexo, essas mulheres enfrentam tempos marcados por angústias (as horas difíceis de passar) e buscam uma vida com sentido. Indicado para refletir sobre a necessidade de autonomia e liberdade para as mulheres em diferentes contextos históricos.

Estrelas além do tempo (EUA, 2016). Direção: Theodore Melfi

Em plena Guerra Fria, Estados Unidos e União Soviética disputam a supremacia na corrida espacial, ao mesmo tempo que a sociedade norte-americana lida com uma profunda cisão racial, entre brancos e negros. Tal situação é refletida também na Nasa, onde um grupo de funcionárias negras é obrigada a trabalhar à parte. É lá que estão Katherine Johnson (Taraji P. Henson), Dorothy Vaughn (Octavia Spencer) e Mary Jackson (Janelle Monáe), grandes amigas que, além de provar sua competência dia após dia, precisam lidar com o preconceito arraigado para que consigam ascender na hierarquia da NASA. Indicado para refletir sobre divisão sexual e racial do trabalho.

A fonte das mulheres (França, 2012). Direção: Radu Mihaileanu

O filme (baseado em fatos reais) mostra a organização de uma sociedade pautada no patriarcado. Indicado para debater sobre a importância da organização das mulheres contra a exploração patriarcal sofrida em comum.

A pele que habito (Espanha, 2011). Direção: Pedro Almodóvar

O protagonista do filme passa por uma alteração física no seu corpo, a sua revelia, para ser transformado em uma mulher. Mesmo com todas as alterações provocadas, permanece com a mesma identidade de sexo. Filme indicado para discutir identidade de sexo-gênero.

A cor púrpura (EUA, 1985). Direção: Steven Spielberg

Aborda a violência sexual de um pai sobre sua filha, uma jovem negra que engravida de gêmeos nesse estupro e, logo após parir, é separada de seus filhos e doada para ser escrava e dama de companhia. Indicado para debater violência contra a mulher e racismo.

Desejo proibido (EUA, 2000). Direção: Jane Anderson, Martha Coolidge e Anne Heche

Compostos por três curtas que tratam sobre mulheres lésbicas em três diferentes décadas. O primeiro, da década de 1960, retrata a morte repentina de uma personagem que deixa a companheira de 50 anos que, além da dor, tem de silenciosamente enfrentar o drama com os herdeiros e o hospital por não ser considerada da família. O segundo curta retrata, na década de 1970, a expulsão de uma feminista, juntamente com outras três amigas de um grupo de mulheres da faculdade, por serem lésbicas. O último data dos anos 2000, relata a história de duas lésbicas que querem ter um bebê, mas querem que o filho seja só delas. Indicado para refletir sobre lesbofobia e dramas de mulheres lésbicas em diferentes contextos históricos.

Divinas divas (Brasil, 2016). Documentário. Direção: Leandra Leal

Rogéria, Valéria, Jane Di Castro, Camille K, Fujika de Holliday, Eloína dos Leopardos, Marquesa e Brigitte de Búzios formaram, na década de 1970, o grupo que testemunhou o auge de uma Cinelândia repleta de cinemas e teatros. O documentário acompanha o reencontro das artistas para a montagem de um espetáculo, trazendo para a cena as histórias e memórias de uma geração que revolucionou o comportamento sexual e desafiou a moral de uma época. Indicado para refletir sobre liberdade sexual.

Capítulo II

Questão social e diversidade humana na formação socioeconômica do Brasil

Somos síntese de um passado de dominação e exploração com raízes na escravidão, no colonialismo e no patriarcalismo. Da mesma forma, também somos síntese de um passado de lutas e resistências, que repousam suas raízes na colônia, nas senzalas, nas aldeias indígenas, nos quilombos, no cangaço, nas rebeliões, nas revoltas, nas casas, nas praças, nas ruas.... Assim, exploração, opressão e resistência integram profundos processos da realidade da luta de classes.

Compreender nosso passado, identificando traços históricos da nossa formação como sociedade e como "povo brasileiro", é indispensável para o entendimento crítico da classe trabalhadora nas particularidades da realidade brasileira.

Sabemos que a sociedade brasileira é marcada, desde o período colonial, pela subserviência à acumulação de capital dos países centrais. As marcas de subordinação e dependência ao mercado mundial, embora com diferentes configurações em cada momento histórico, estiveram e estão presentes na sociedade brasileira (Ianni, 1989).

Nesse sentido, Prado Jr., segundo Octávio Ianni (1989, p. 68-69), destaca que "a acumulação originária, o colonialismo e o imperialismo são momentos de um *sentido* geral: uma sociedade e uma economia que se organizam para fora e vivem ao sabor das flutuações de interesses e mercados longínquos". O imperialismo torna-se "total" sob o capitalismo monopolista, ou seja, passa a não conhecer fronteiras nem freios, operando "a partir de dentro e em todas as direções, enquistando-se nas economias, nas culturas e nas sociedades hospedeiras". Daí em diante a "norma" passou a ser: "o que é bom para a economia norte-americana é bom para o Brasil" (Fernandes, 1981, p. 274). As implicações desse modo de pensar incidem em todas as dimensões da vida social e se estruturam como um arsenal ideológico que tende a se reproduzir historicamente.

O que queremos destacar é que a dependência e o subdesenvolvimento introduzem "elementos novos na formação e na manifestação" da luta de classes, que se ajustam "à natureza do capitalismo dependente e subdesenvolvido, o qual tende a introduzir maiores desequilíbrios econômicos na base dos antagonismos de classes e controles políticos mais rígidos sobre os seus efeitos" (Fernandes, 1981, p. 276).

Foram nesses traços de subordinação e dependência que nasceu e foi abolida a escravidão no Brasil, que durante três séculos e meio possibilitou a "utilização da força de trabalho escrava na economia dependente aqui estabelecida" (Saffioti, 2013, p. 215). A força de trabalho escravizada passou a ser entrave à medida que a industrialização demandava cada vez mais um mercado consumidor. Além disso, essa força de trabalho passava a ser relativamente mais cara em relação ao trabalho "livre", assalariado. Assim, o trabalho escravizado, que foi fundamental para a acumulação originária, constituiu-se um entrave ao desenvolvimento do capitalismo. Segundo Saffioti (2013, p. 216-217):

> No plano interno, não obstante tivesse o emprego da mão de obra escrava representado, efetivamente, a solução para o estabelecimento da grande empresa agrária exportadora e vitalizadora do capitalismo mercantil internacional, o escravo assumia, progressivamente, a função de negador das relações de produção típicas do sistema capitalista, afetando, assim, negativamente, o polo já constituído destas relações de produção: o grande proprietário rural. Não só a "miscigenação e o fundamento pecuniário da escravidão constituíam dois fatores de perturbação e de instabilidade nos liames que determinavam a relação senhor-escravo" como também a produção baseada na mão de obra escrava se tornava cada vez mais cara relativamente à força de trabalho assalariada [...]. A campanha abolicionista, entretanto, não representava, uniformemente, a mani-

festação de uma consciência avançada [...]. [...] "lutando pela abolição do trabalho escravizado, os brancos lutavam em benefício de seus próprios interesses",[1] não se importando, pois, em "transformar, como se afirmava, o escravo em cidadão, mas (em) transfigurar o trabalho escravo em trabalho livre".[2]

A ordem social escravista-senhorial foi "condição *sine qua non*, do difícil e demorado processo de constituição de uma etapa superior da economia capitalista brasileira, cujos primeiros efeitos marcantes só viriam a surgir nos anos que se seguem à crise mundial de 1929" (Saffioti, 2013, p. 217). Foi a partir dessa crise que afetou o setor cafeeiro do país, historicamente voltado para exportação, que o mercado interno passa a ser um fator dinâmico do sistema econômico do Brasil. O acúmulo de capital possibilitado pelo período áureo do café, agora em crise, proporcionou as condições para o desenvolvimento industrial no país.

A economia permaneceu dependente, vinculada à forte marca de um colonialismo escravista e patriarcal. O atraso, até mesmo no que diz respeito aos avanços democráticos conquistados na sociedade burguesa, como a ausência da Reforma Agrária diante do poder do latifúndio e do agronegócio, é característica que permanece imprimindo peculiaridades ao capitalismo no Brasil.

Assim, persistimos em um país de capitalismo dependente e subdesenvolvido, ou seja, um "capitalismo selvagem e difícil, cuja viabilidade se decide, com frequência, por meios políticos e no terreno político" (Fernandes, 1981, p. 293).

A nossa formação é acompanhada por características históricas de nossa cultura, como o autoritarismo, o patrimonialismo, o clientelismo, o racismo, o patriarcalismo, a privatização do público, que se combinam entre si.

Sabemos que a questão social no Brasil passa a ser designada como tal e não mais como pauperismo com o advento do capitalismo monopolista, quando há a consolidação da sociedade de classes e se acirram as contradições, explorações, conflitos, resistências, lutas e antagonismos de classe. Todavia, a formação sócio-histórica e econômica de cada país imprime particularidades à questão social e suas expressões. Em outras palavras, ainda

---

1. IANNI, Octávio. *As metamorfoses do escravo*. Rio de Janeiro: Difusão Europeia do Livro, 1962. Cap. V.

2. Ianni, *op. cit.* p. 235.

que o fundamento da questão social no Brasil e na França ou qualquer outro país do primeiro mundo seja comum, ou seja, a contradição entre capital x trabalho, há que se entender a formação dessas classes na particularidade histórica de cada país, afinal, as condições de vida e de trabalho entre esses países são significativamente diferentes e resultam de um processo histórico. A história de um país colonizado e a de um país colonizador imprimem estruturas diferenciadas para a conformação das classes sociais e sua cultura.

Somente desvelando o racismo e sua relação na estrutura da nossa sociedade patriarcal e classista, podemos compreender, por exemplo, dentre diversas outras questões,

> [...] por que as mulheres de origem europeia eram obrigadas ao confinamento no espaço doméstico e à submissão à rígida moral sexual católica, enquanto as indígenas e africanas eram submetidas à violência sexual e à desumanização, vitimizadas pelo chamado estupro colonial [...] (AMB, 2011, p. 14).

O entendimento da exploração de classe no Brasil, portanto, não pode desconsiderar a exploração da população negra e indígena na economia colonial do país, desenvolvida pelo trabalho forçado e relações de apropriação sobre o corpo e a vida desses povos, destacada e diferenciadamente sobre as mulheres que, além do trabalho forçado, tiverem seus corpos apropriados para exploração sexual, como veremos adiante.

2.1 Racismo e patriarcado na particularidade da questão social do Brasil

As marcas de subordinação e dependência, forjadas em um modelo de colonização baseada no patrimônio patriarcal[3] e escravista, possuem impli-

---

3. "A dominação patrimonial se origina, pois, do poder doméstico organizado, estendendo-se por estrutura patriarcal de dominação" (Saffioti, 2013, p. 231). Essa dominação patriarcal consolida poder de mando ao patriarca, a quem se devota pessoalmente uma cultura de obediência e submissão que está para além das leis e normas abstratas e impessoais do Estado. Assim, mais do que um patrimonialismo estamental, o Brasil foi se consolidando como patrimonialista patriarcal, por meio do qual o poder econômico e político de alguns senhores é que define a própria dinâmica do Estado capitalista em formação. Aqui, o público foi e é historicamente tratado como privado. Privado nas mãos de uns poucos senhores patriarcais ruralistas, hoje, chefes do agronegócio. "A partir dos inícios do século XIX, estaria consolidado o poderio econômico dos chefes de parentela, podendo a estrutura de dominação da sociedade brasileira ser caracterizada como tendente para o tipo patrimonial-

cações na formação não apenas econômica, mas também social, cultural e política do Brasil. Imprimem, portanto, contornos particulares à dinâmica capitalista nesse país.

A abolição da escravidão não produziu, segundo Saffioti (2013, p. 230),

> [...] nem uma alteração substancial nas atitudes e representações coletivas, que determinavam a profunda assimetria das relações entre brancos e negros, nem uma incorporação maciça dos negros à economia baseada em mão de obra assalariada.

Desde a sociedade escravista brasileira se formaram complexos sociais de desigualdades que ainda hoje "são justificados em nome da tradição" (Idem, p. 230). O racismo e o sexismo são, sem dúvida, expressões desse complexo de desigualdades assentadas no sistema patriarcal-racista-capitalista. Em nome dessa "tradição" procura-se explicar, conforme Saffioti (2013, p. 230):

> [...] a vigência, ainda hoje, dos mitos e preconceitos através dos quais a sociedade atual tenta justificar a exclusão da mulher de determinadas tarefas e mantê-la assim, no exercício quase exclusivo de seus papéis tradicionais e das ocupações reconhecidamente femininas.

Assim, a história da colonização e a da escravidão patriarcal no Brasil determinaram uma dinâmica particular para a formação das classes sociais no país. Aqui, não podemos falar em escravismo sem patriarcado e patriarcado sem escravismo, na singularidade de um país que sofreu uma colonização estruturada por um regime escravista patriarcal.

> [...] o patriarcalismo estabeleceu-se no Brasil como uma estratégia da colonização portuguesa. As bases institucionais dessa dominação são o grupo doméstico rural e o regime da escravidão. A estratégia patriarcal consiste em uma política de população de um espaço territorial de grandes dimensões, com carência de povoadores e de mão de obra para gerar riquezas. A dominação se

---

-patriarcal que, subjacente, se vinha formando desde a colonização. A própria constituição da economia colonial brasileira, voltada que era para o mercado externo, levaria ao fortalecimento do patrimonialismo mais próximo do tipo patriarcal em detrimento de um patrimonialismo estamental [...]" (Idem, p. 232).

exerce com homens utilizando sua sexualidade como recurso para aumentar a população escrava (AGUIAR, 2000, p. 308).

A "utilização da força de trabalho escravizada nas colônias constituía o meio adequado a fim de se levar avante o processo da acumulação originária" (Saffioti, 2013, p. 207). Ainda que para o capitalismo se consolidar como regime seja indispensável a força de trabalho "livre"/assalariada, a exploração da força de trabalho escravizada foi necessária para a sua constituição. Explica-nos Saffioti (2013, p. 209-210):

> Os três séculos e tanto de escravidão negra no Brasil constituíram, assim, o marco inicial de constituição de uma estrutura econômica que, em estágios posteriores, ganharia novas determinações capitalistas. Se, de um lado, a utilização da força de trabalho escrava se vai tornando progressivamente incompatível com a constituição de uma economia capitalista plenamente desenvolvida e se absorve um certo montante de capital fixo, cuja realização no produto do trabalho se faz de modo lento e fragmentário, de outro, é preciso considerar que há, na produção escravista, um sobretrabalho que se apropria o empresário, excedente de trabalho este que, dada a sua magnitude, não é consumido como renda pelo capitalista. [...] mais-valor criado pelo trabalho escravo permitia a reinversão de capital e, portanto, a acumulação.

As marcas do patriarcado e do racismo, enraizadas nesses períodos históricos, deixaram seu legado fortemente presente nas relações sociais e nos marcos que os sucederam. No período da autocracia burguesa no Brasil, por exemplo, a tortura implementada pela ditadura não foi igual para homens e mulheres. Quase todas as mulheres, além de todas as violências sofridas pelos homens, foram estupradas e submetidas a práticas de humilhação referentes à sua sexualidade. Da mesma forma, podemos falar da exploração sexual que as mulheres indígenas e negras sofreram com a colonização e a escravidão. Segundo Gilberto Freyre (2006), o "fator sexual" foi uma das funções da escravidão, além do trabalho servil. Segundo Saffioti (2013, p. 237), a exploração econômica sobre a escravizada era "consideravelmente mais elevada do que a do escravizado, por ser a negra utilizada como trabalhadora, como mulher e como reprodutora de força de trabalho". Nas palavras de Davis (2016), as escravizadas não eram consideradas "mães", apenas "reprodutoras" da força de trabalho escravizada. Aos olhos de seus proprietários: "Elas eram 'reprodutoras' — animais cujo valor monetário podia ser calculado com precisão a partir de sua capacidade de se multiplicar. [...] suas crianças poderiam ser vendidas e enviadas para longe [...]" (Idem, p. 19).

Angela Davis, embora dissertando sobre a situação da escravidão nos Estados Unidos, enfatiza, ainda, a forma particular, segundo o sexo, de como as escravizadas eram tratadas, o que não foi diferente no Brasil, mas uma marca comum à condição de mulher escravizada:

> [...] as mulheres também sofriam de maneira diferente, porque eram vítimas de abuso sexual e outros maus-tratos bárbaros que só poderiam ser infligidos a elas. A postura dos senhores em relação às escravas era regida pela conveniência: quando era lucrativo explorá-las como se fossem homens, eram vistas como desprovidas de gênero; mas, quando podiam ser exploradas, punidas e reprimidas de modos cabíveis apenas às mulheres, elas eram reduzidas exclusivamente à sua condição de fêmeas (Davis, 2016, p. 19).

Embora reconheçamos que cada país imprime suas particularidades às relações sociais, por outro lado, o patriarcado ultrapassa fronteiras e deixa marcas comuns na forma como a mulher é tratada como "coisa', ainda mais quando o sexismo associa-se ao racismo.

Como nos lembra Ribeiro (1995, p. 48) sobre a colonização brasileira, as mulheres indígenas também eram tidas como "de sexo bom para fornicar, de braço bom de trabalhar, de ventre fecundo para prenhar". Assim, sobre as negras e indígenas pesou a exploração sexual, seja para fins de realização do prazer dos homens, seja para aumentar a população escravizada, ou seja, a força de trabalho para acumulação.

Se para os homens essas mulheres eram "de sexo bom para fornicar", certamente, a recíproca não era verdadeira para elas. Em outras palavras, nossas mulheres negras e indígenas sofreram estupro. Assim, a visão idílica sobre a miscigenação do Brasil, sob o manto de uma *pseudo*democracia racial, cai por terra. A marca violenta do patriarcado no regime escravista imprimiu seu legado sexista de forma implacável:

> Como mulheres, as escravas [incluímos as indígenas no Brasil] eram inerentemente vulneráveis a todas as formas de coerção sexual. Enquanto as punições mais violentas impostas aos homens consistiam em açoitamentos e mutilações, as mulheres eram açoitadas, mutiladas e também estupradas. O estupro, na verdade, era uma expressão ostensiva do domínio econômico do proprietário

e do controle do feitor sobre as mulheres negras [e indígenas] na condição de trabalhadoras (Davis, 2016, p. 20).

Para Saffioti (2004, p. 124), o processo de conquista de um povo sobre outro guarda uma raiz sexista para a consolidação da dominação:

> Os homens eram temidos, em virtude de representarem grande risco de revolta, já que dispõem, em média, de mais força física que as mulheres, sendo, ainda, treinados para enfrentar perigos. Assim, eram sumariamente eliminados, assassinados. As mulheres eram preservadas, pois serviam a três propósitos: constituíam força de trabalho, importante fator de produção em sociedades sem tecnologia ou possuidoras de tecnologias rudimentares; eram reprodutoras desta força de trabalho, assegurando a continuidade da produção e da própria sociedade; prestavam (cediam)[4] serviços sexuais aos homens do povo vitorioso.

Como um país de história colonial, que sofreu a dominação de outros povos, a nossa formação sócio-histórica carrega uma substância patriarcal, sexista e racista sem as quais se torna impossível compreender a complexidade das classes sociais do país. Por isso, comungamos com Gonzalez (2011[1988]), ao defender a necessidade de se considerar o caráter multirracial e pluricultural para o entendimento da sociedade.

Considerar a origem do racismo e do patriarcado como constituinte da gênese da exploração de classe não significa que tais relações sociais se esgotem na classe. À medida que o racismo e o patriarcado se consolidaram como sistema, enraizaram-se na cultura, nas ideologias e religiões de forma tal que apenas sob a análise de classe é insuficiente a compreensão deles, ainda que essa análise seja indispensável.

É importante ressaltar que da mesma forma que a relação entre racismo e patriarcado não se encerra nas classes, também não se encerra na cultura. Trata-se de perceber essa relação de maneira dialética, ou seja, na dinâmica da construção das relações de poder e de determinação que envolvem economia e cultura. Como nos aponta Reis (2001, p. 16):

> [...] na escravidão, há uma interlocução entre gênero, etnia/cor e condição, os jogos de poder se estabelecem, utilizando todos esses conceitos, sendo que,

---

4. Recomendamos a leitura de Mathieu (1985).

simbolicamente, a distinção masculino/feminino remete também a poder/submissão, branco/negro, senhor/escravo. Por isso, concordo quando diz Maria Odila: "alguns estereótipos e valores ideológicos relativos aos papéis sociais femininos têm menos a ver com uma condição universal feminina do que com tensões específicas das relações de poder numa dada sociedade (Dias, 1995, p. 101).

As expressões do patriarcado não se limitam ao espaço doméstico, mas estendem-se a todas as relações de poder. No Brasil, o patriarcado foi "sinônimo e expressão de praticamente todos os aspectos das relações de poder da colônia" (Reis, 2001, p. 8). Patriarcado que, associado ao regime escravista, deixou profundas marcas na formação brasileira. Como nos diz Freyre (2006, p. 44):

> [...] a história social da casa-grande é a história íntima de quase todo brasileiro: da sua vida doméstica, conjugal, sob o patriarcalismo escravocrata e polígamo. [...] Nas casas-grandes foi até hoje onde melhor se exprimiu o caráter brasileiro: a nossa continuidade social.

A família patriarcal, polígama para os homens, expressa relações de poder masculino, pois concebia o homem:

> [...] com o valor, como centro das decisões e dos poderes, também era uma invenção patrocinada pelos próprios personagens históricos, que vivenciavam cotidianamente, no Brasil colonial, a sexualidade, os afetos, a maternidade e a escravidão, através de experiências e regras estabelecidas e garantidas pelo jogo de poder entre os gêneros. Pensar as relações sexuais no escravismo é percebê-las permeadas por estratégias que tentavam garantir o confronto entre liberdade e dependência, representadas, também, pelo direito ao prazer sexual (Reis, 2001, p. 8-9).

Às mulheres brancas[5] cabiam os "papéis de dona de casa e mãe de família legalmente constituída". Para tanto, foi necessária "a existência de uma

---

5. "As mulheres brancas da época escravocrata apresentavam os requisitos fundamentais para submeter-se, sem contestação, ao poder do patriarca, aliando à ignorância uma imensa imaturidade. Casavam-se, via de regra, tão jovens que aos 20 anos eram praticamente consideradas solteironas. Era normal que aos 15 anos a mulher já estivesse casada e com um filho, havendo muitas que se

classe de mulheres com as quais os jovens pudessem praticar as artes do amor antes do casamento" (Saffioti, 2013). Com isso, entendemos que o escravismo, além de satisfazer as exigências econômicas do sistema produtivo, também satisfez aquelas impostas pela forma de colonização patriarcal adotada (Idem, p. 214). Ainda segundo Saffioti (2013, p. 251), a sociedade colonial brasileira, ao privar a mulher da propriedade privada:[6]

> [...] aliou à divisão da população em castas a estratificação social na linha do sexo. Esse rígido sistema de constrangimento físico e moral do elemento feminino, criado e mantido pelo androcentrismo da família patriarcal, marcou profundamente a vida e a mentalidade da mulher brasileira.

De acordo com Saffioti (2013), foi apenas a partir do século XIX que a vida das mulheres senhoriais passa a sofrer algumas modificações, advindas da industrialização, ainda que sem transformações estruturantes. A reclusão à casa-grande passa a ser rompida. A urbanização possibilitou o contato com o teatro e a frequência em festas. Apesar disso, a mulher continuava sem acesso à instrução, apenas recebia educação doméstica. "Enquanto isso, a miséria e a prostituição grassavam fora dos sobrados, e o regime escravocrata desintegrava-se a cada passo" (Idem, p. 251).

Esse processo de desintegração do regime escravista não foi vivenciado pelas mulheres brancas. Como o movimento abolicionista foi uma obra masculina e algo circunscrito aos meios letrados, a mulher branca, carente de educação, destinada à família e, no máximo, às festas e à Igreja, não "pôde

---

tornavam mães aos 13 anos. Educadas em ambiente rigorosamente patriarcal, essas meninas-mães escapavam ao domínio do pai para, com o casamento, caírem na esfera de domínio do marido. [...] raramente as mulheres da camada dominante saíam à rua, só deixando a casa praticamente para irem à igreja, o que nunca faziam desacompanhadas. [...] Não obstante a maneira pela qual se organizou no Brasil a família patriarcal e as diferenças de grau de liberdade e de posição que conferia ao homem e à mulher, o casamento representava praticamente a única carreira aberta a esta. Evidentemente, a reclusão num convento constituía sempre uma possibilidade de evitar-se a submissão ao pai ou ao marido (Saffioti, 2013, p. 241-243).

6. "A propriedade territorial se constituía, a princípio, na única fonte de direitos políticos. Como as mulheres eram excluídas desse privilégio, igualam-se, a partir desse ângulo, aos escravos. Por herança, entretanto, inúmeras mulheres tiveram acesso à propriedade e revelaram iniciativa e qualidades suficientes para o desempenho da tarefa. Diante de um marido capaz, todavia, sua capacidade se anulava porque ao marido cabia a administração dos bens da família. E a própria mulher é, às vezes, considerada um bem econômico (Saffioti, 2013, p. 250).

sequer ver nele a oportunidade para um enfoque crítico de sua condição existencial" (Idem, p. 251).

Apesar disso, o fim do escravismo trouxe consequências não apenas para as mulheres negras, mas, também, para a vida das mulheres da camada senhorial. Explica-nos Saffioti (2013, p. 252-253):

> [...] a mulher negra ganha com a deterioração da sociedade de castas, pelo menos a liberdade formal que lhe era negada anteriormente. Ascende, neste sentido, tanto quanto o ex-escravo. Situa-se abaixo deste, entretanto, do mesmo modo que a mulher branca em virtude de não atingir, pelo processo de emancipação das "raças negras", a plenitude dos direitos da pessoa humana. O ex--escravo seria, no novo regime, considerado cidadão brasileiro para efeitos eleitorais, enquanto que a mulher, tanto branca como negra, seria marginalizada da escolha dos representantes do povo no governo. Neste sentido, se a abolição constituiu uma emancipação precária e incompleta para a mulher de cor, representou para a branca uma descensão relativamente ao homem negro.

Algumas significativas alterações foram provocadas pela industrialização e urbanização, especialmente a partir do século XX, com destaque para o acesso da mulher à educação escolarizada e ao trabalho nas fábricas, escritórios e lojas, que contribuíram para a ruptura do isolamento e confinamento doméstico. Nesse período, ainda merecem destaque o direito à separação conjugal e o controle da natalidade. Apesar disso, a desvalorização da mulher, especialmente das negras, permanece, enquanto aos homens se devotam a adoração e a subserviência, inclusive, sexual. Comungamos com Saffioti (2013, p. 258), ao afirmar que um:

> [...] fator decisivo para a manutenção deste estado de coisas é, sem dúvida, *o complexo de macho*, que ainda integra o ideal de personalidade masculina no Brasil. Sobrevivência do patriarcalismo da família colonial, o *"dom-juanismo"* constitui verdadeiro índice da supremacia do homem na família e na sociedade em geral (destaques da autora).

Entendemos, todavia, que essa ideologia associa-se a uma base material que é funcional à lógica então nascente do capital. Referimo-nos à divisão sexual e racial do trabalho. Dividir e segmentar pessoas segundo o sexo e a raça significam possuir força de trabalho mais barata e até mesmo gratuita, como é o caso de grande parte do trabalho doméstico no Brasil.

Assim, em tensões sociais marcadas pelo sexo e pela raça, a cultura brasileira foi sendo tecida, naturalizando relações de desigualdades que foram estruturando a formação da sociedade de classes, favorecendo explorações econômicas e sexuais. Referimo-nos às relações sociais de raça e às relações patriarcais de sexo (incluindo a sexualidade). Portanto, se foi sob essas bases que as classes sociais no Brasil foram consolidadas, nos é inevitável considerá-las para a compreensão da questão social na particularidade sócio-histórica e econômica do país. Como nos esclarece Ivone Silva (2014, p. 49):

> Escravidão e patriarcalismo são categorias constituintes e atuais no processo de formação da sociedade brasileira [...]. Sendo assim, não estão descoladas das *raízes latentes* da nossa questão social representada no contexto da colonização, pela questão étnica e pelo trabalho forçado, motivos de tantos conflitos sociais e raciais que ainda não foram superados (destaques da autora).

No Brasil, temos a maior população negra das Américas, segundo Lélia Gonzalez (2011[1988]), precursora do feminismo negro no Brasil. Diante de um país marcado pela colonização e escravidão, questionamos: a Lei Áurea nos libertou do escravismo? Quais as condições de vida e de trabalho dessa população? Onde está essa população negra do nosso país? Lélia Gonzalez (1984, p. 232), nos responde:

> O lugar natural do grupo branco dominante são moradias saudáveis, situadas nos mais belos recantos da cidade ou do campo e devidamente protegidas por diferentes formas de policiamento que vão desde os feitores, capitães do mato, capangas, etc., até a polícia formalmente constituída. Desde a casa-grande e do sobrado até os belos edifícios e residências atuais, o critério tem sido o mesmo. Já o lugar natural no negro é o oposto, evidentemente: da senzala às favelas, cortiços, invasões, alagados e conjuntos "habitacionais" [...] dos dias de hoje, o critério tem sido simetricamente o mesmo: a divisão racial do espaço [...]. No caso do grupo dominado o que se constata são famílias inteiras amontoadas em cubículos cujas condições de higiene e saúde são as mais precárias. Além disso, aqui também se tem a presença policial; só que não é para proteger, mas para reprimir, violentar e amedrontar. É por aí que se entende por que o outro lugar natural do negro sejam as prisões. A sistemática repressão policial, dado o seu caráter racista, tem por objetivo próximo a instauração da submissão.

Da mesma forma, indagamos: a "independência" do Brasil libertou a população indígena, bem como todo o povo brasileiro, especialmente, nossas mulheres, que sofreram dos colonizadores e dos senhores de escravos as múltiplas formas de violência? A cultura patriarcal senhorial foi eliminada e, com ela, o sexismo e o heterossexismo? Sabemos que não. Por isso, precisamos compreender como o patriarcado (e dentro dele o heterossexismo) e o racismo, conformam a formação das classes no Brasil, estruturando relações de opressão e exploração. O que pretendemos demonstrar é que há contradições internas e profundas das desigualdades sociais no Brasil que permeiam, fundamentalmente, o racismo e o patriarcado na estruturação das classes como dimensões fundantes dessas desigualdades.

Relacionado ao racismo, portanto, há a forte presença do patriarcado que, embora tenha sido um "fenômeno político característico do período colonial, atravessa-o e tem presença forte em processos políticos bastante atuais — o que chamaríamos hoje de ranço do conservadorismo, ou ainda nuances de uma sociedade estamental" (Silva, 2014, p. 53). Ainda para Silva (2014, p. 55), o patriarcalismo "exerceu o domínio das relações sociais existentes na figura do senhor rural. A casa-grande, por seu lado, produziu outro conjunto de relações sociais definidas pelo domínio econômico e sexual".

É assentada nesse domínio econômico e sexual dos senhores rurais (homens brancos) que a transição de uma sociedade estamental para uma sociedade de classes vai sendo forjada, em um caldo cultural com nítidas relações patriarcais e racistas que se associaram para fins de exploração sexual e do trabalho. O patriarcalismo, embora constituído no meio rural, possui, segundo Ivone Silva (2014, p. 53): "[...] seu peso e os fortes traços rurais presentes na formação dos centros urbanos, pois a população da cidade era, na verdade, constituída por lavradores e fazendeiros e por uma rala camada média, composta majoritariamente por profissionais liberais".

O processo de urbanização e o de industrialização no Brasil, portanto, não estão dissociados de marcas constitutivas das relações sociais, como o patriarcalismo e o racismo. Logo, o entendimento da formação da classe trabalhadora no Brasil, frente a sua classe antagônica, e as expressões das lutas e conflitos que encerram não podem ser compreendidos sem essas marcas, sob o risco de termos uma análise parcializada da questão social no Brasil, ou mesmo, eurocêntrica.

O Brasil, nas palavras de Ianni (1992), possui um presente "impregnado de vários passados" ou mesmo um presente que "revigora o passado". Esse vínculo com o passado repõe componentes históricos da nossa formação e alimenta o mito fundador: "[...] aquele que não cessa de encontrar novos meios para exprimir-se, novas linguagens, novos valores e ideias, de tal modo que, quanto mais parece ser outra coisa, tanto mais é a repetição de si mesmo" (Chaui, 2007, p. 9). Ainda segundo Chaui (2007, p. 8), características desse mito fundador estão presentes nas representações ideológicas de que o Brasil:

> 1) é "um dom de Deus e da Natureza"; 2) tem um povo pacífico, ordeiro, generoso, alegre e sensual, mesmo quando sofredor; 3) é um país sem preconceitos [...]; 4) é um país acolhedor para todos os que nele desejam trabalhar e, aqui, só não melhora e só não progride quem não trabalha, não havendo por isso discriminação de classe [...]; 5) é um país dos contrastes regionais, destinado por isso à pluralidade econômica e cultural.

O mito da "democracia racial", ou seja, de que não existe racismo no país, não apenas oculta a desigualdade racial existente no Brasil, como também as lutas históricas de negros(as) e indígenas. Apreender a condição étnico-racial na história do país é fundamental para o seu próprio entendimento como nação fundada em um regime de autoritarismo e exploração, ainda mais quando ideologicamente é percebida como uma sociedade "pacífica" e "abençoada". Dessa forma, o "mito da democracia racial" esconde as múltiplas violências racistas e sexistas que as populações negra, cabocla e indígena sofrem.[7] Com isso, não se enfrentam a realidade e suas contradições.

Lélia Gonzalez (1984, p. 228) ressalta que no carnaval esse mito é "atualizado com toda a sua força simbólica":

> E é nesse instante que a mulher negra transforma-se única e exclusivamente na rainha, na "mulata deusa do meu samba", "que passa com graça/fazendo pirraça/fingindo inocente/tirando o sossego da gente". É nos desfiles das escolas de primeiro grupo que a vemos em sua máxima exaltação. Ali, ela perde

---

7. Tais violências racistas relacionam-se com as contradições de classes. Segundo Ianni (1984, p. 41), "[...] a grande maioria dos negros, mulatos, índios e caboclos encontram-se no proletariado urbano, proletariado rural e campesinato; compõe as classes exploradas pelos diferentes arranjos dos blocos de poder formados ao longo da contrarrevolução burguesa".

seu anonimato e se transfigura na Cinderela do asfalto, adorada, desejada, devorada pelo olhar dos príncipes altos e loiros, vindos de terras distantes só para vê-la. [...] Como todo mito, o da democracia racial oculta algo para além daquilo que mostra. Numa primeira aproximação, constatamos que exerce sua violência simbólica de maneira especial sobre a mulher negra. Pois o outro lado do endeusamento carnavalesco ocorre no cotidiano dessa mulher, no momento em que ela se transfigura na empregada doméstica. É por aí que a culpabilidade engendrada pelo seu endeusamento se exerce com fortes cargas de agressividade. É por aí, também, que se constata que os termos mulata e doméstica são atribuições de um mesmo sujeito.

Percebemos com nitidez a relação entre sexismo e racismo na constituição da formação brasileira, o que obviamente imprime fortes expressões na nossa cultura. Ainda para Gonzalez (1984, p. 224), o racismo em articulação com o sexismo, "produz efeitos violentos sobre a mulher negra". Sob essa violência sexista e racista, naturaliza-se que mulher negra é "cozinheira, faxineira, servente, trocadora de ônibus ou prostituta" (Idem, p. 226), ou seja, naturaliza-se a construção de uma divisão sexual e racial do trabalho e dos espaços.

Assim, ao contrário de uma democracia racial, na verdade, o Brasil, além de ter explorado o trabalho escravizado por mais de quatro séculos,

[...] colocou à margem o seu principal agente construtor, o negro, que passou a viver na miséria, sem trabalho, sem possibilidade de sobrevivência em condições dignas. Com o incentivo do governo brasileiro à imigração estrangeira e à tentativa de extirpar o negro da sociedade brasileira, houve maciça tentativa de embranquecer o Brasil. Provavelmente o mais cruel de todos os males foi retirar da população negra a sua dignidade enquanto raça remetendo a questão da negritude aos porões da sociedade. O próprio negro, em alguns casos, não se reconhece, e uma das principais lutas do movimento negro e de estudiosos comprometidos com a defesa da dignidade humana é contribuir para o resgate da cidadania do negro. A pobreza e a marginalidade a que é submetida a mulher negra reforça o preconceito e a interiorização da condição de inferioridade, que em muitos casos inibe a reação e luta contra a discriminação sofrida (Silva, 2003, s.p.).

Sabemos que o escravismo "se impôs como exigência econômica" (Chaui, 2007, p. 62) desde o início da nossa colonização, e as marcas do racismo e da exploração sobre os negros(as) e indígenas[8] estão presentes até a atualidade, subservientes aos interesses econômicos, ainda que ideológica e politicamente se afirme que vivemos em uma democracia e que o escravismo faz parte do nosso passado histórico. Há, na verdade, uma naturalização da divisão da sociedade de classes e no seu bojo, do racismo, do heterossexismo e do patriarcado. Segundo Chaui (2007, p. 89):

> [...] a divisão social das classes é naturalizada por um conjunto de práticas que ocultam a determinação histórica ou material da exploração, da discriminação e da dominação, e que, imaginariamente, estruturam a sociedade sob o signo da nação una e indivisa, sobreposta como um manto protetor que recobre as divisões reais que a constituem.

Para nós, tais divisões reais encontram-se no "nó" estruturante da nossa sociedade: "classe", "raça/etnia-gênero", ou poderíamos dizer no sistema "patriarcal-racista-capitalista" (Saffioti, 2004) que estrutura a sociedade desigual e autoritária em que vivemos. Para Chaui (2007, p. 90), essa sociedade é:

> — estruturada pela matriz senhorial da Colônia [...]. As divisões são naturalizadas em desigualdades postas como inferioridade natural (no caso das mulheres, dos trabalhadores, negros, índios, imigrantes, migrantes e idosos). [...] Essa naturalização, que esvazia a gênese histórica da desigualdade e da diferença, permite a naturalização de todas as formas visíveis e invisíveis de violência, pois estas não são percebidas como tais.
> — estruturada a partir das relações privadas, fundadas no mando e na obediência, disso decorre a dificuldade para lutar por direitos substantivos e, portanto, contra as formas de opressão social e econômica [...];

---

8. Na história do Brasil, "em conformidade com as teorias do direito natural objetivo e subjetivo, a subordinação e o cativeiro dos índios serão considerados obra espontânea da Natureza. De fato, pela teoria da ordem jurídica natural, os nativos são juridicamente inferiores e devem ser mandados pelos superiores naturais, o conquistador-colonizador. Por outro lado, graças à teoria do direito de natureza subjetivo, diz-se que alguém é sujeito de direito quando está na plena posse da vontade, da razão e dos bens necessários à vida — seu corpo, suas propriedades móveis e sua liberdade. Modernizado, esse direito subjetivo natural consagra a ideia de propriedade privada incondicional ou absoluta, tal como definida pelo antigo direito romano. Em outras palavras, a vida, o corpo, a liberdade são concebidos como propriedades naturais que pertencem ao sujeito de direito racional e voluntário. Ora, dizem os teóricos, considerando-se o estado selvagem (ou de brutos que não exercem a razão), os índios não podem ser tidos como sujeitos de direito e, como tais, são escravos naturais" (Chaui, 2007, p. 64).

— [...] os governantes e parlamentares "reinam" [...], mantendo com os cidadãos relações pessoais de favor, clientela e tutela, e praticam a corrupção sobre os fundos públicos. Do ponto de vista dos direitos, há um encolhimento do espaço público; do ponto de vista dos interesses econômicos, um alargamento do espaço privado;

— realizando práticas alicerçadas em ideologias de longa data [...], somos uma formação social que desenvolve ações e imagens com força suficiente para bloquear o trabalho dos conflitos e das contradições sociais, econômicas e políticas [...]. Isso não significa que conflitos e contradições sejam ignorados, e sim que recebem uma significação precisa: são sinônimo de perigo, crise, desordem e a eles se oferece como resposta única a repressão policial e militar [...];

— por estar determinada, em sua gênese histórica, pela "cultura senhorial" e estamental que preza a fidalguia e o privilégio e que usa o consumo de luxo como instrumento de demarcação da distância social entre as classes, nossa sociedade tem o fascínio pelos signos de prestígio e de poder [...].

A "crônica dos vencedores", a ideia de uma sociedade civil "amorfa" e a necessidade de um Estado "forte", de um povo "ordeiro e pacífico por natureza", a "tutela da ordem", o autoritarismo, a repressão e a heteronomia permanecem escrevendo a história do nosso país, cuja herança colonial, patriarcal e escravista também deixam profundas marcas nas desigualdades sociais atuais.

Sabemos que essas dimensões ideológicas retardam a consciência de classe dos segmentos subalternos e explorados pelo capital. Contudo, como já afirmamos, não anularam nem anulam a capacidade de resistência dos sujeitos políticos que sofrem as desigualdades de classe, "raça"/etnia e sexo, apesar da ideologia dominante.

2.2 Expressões do racismo e do patriarcado na contemporaneidade

Como apontamos sumariamente, a história heteropatriarcal e escravista do Brasil não se encerrou na colônia. A marca do patrimonialismo, a desigualdade entre homens e mulheres no mundo do trabalho, a persistência da divisão sexual e racial, as jornadas *intensivas, extensivas e intermitentes* (Ávila, 2009) de trabalho fora e dentro de casa, os alarmantes índices de violência contra a mulher e contra a população LGBT são alguns dos indicadores da incorporação do heteropatriarcado e do racismo na formação do capitalismo no Brasil.

Como podemos perceber, o heteropatriarcado e o racismo se combinam, desde a nossa colonização, no fortalecimento das hierarquias de classe, "raça" e sexo. Devido a essa combinação:

> [...] as mulheres negras e indígenas pouco se beneficiaram das conquistas das brasileiras [...]. As mulheres negras ainda ocupam a base da pirâmide social: desempenham as profissões consideradas de menor prestígio; apresentam o maior índice de desemprego; e recebem os menores salários dentre a população economicamente ativa, mesmo quando atingem os mesmos níveis educacionais de mulheres e homens brancas/os. As mulheres negras apresentam um índice de analfabetismo três vezes maior do que o das mulheres brancas. As mulheres indígenas permanecem à margem do processo de inclusão social: além de apresentar um alto índice de analfabetismo, são poucas as que têm acesso à ocupação profissional, a não ser aquelas reconhecidas no interior da aldeia (Plataforma Política Feminista, 2002, p. 17).

Também para Angela Davis (2016, p. 102), "racismo e sexismo convergem". No curso dessa convergência, a classe trabalhadora vai sendo forjada, explorada e oprimida de maneira diferenciada segundo o sexo e a raça.

Neste item, apontaremos alguns dados e reflexões para ilustrar a persistência, na contemporaneidade, do heteropatriarcado nas relações sociais de sexo no Brasil.

A conjuntura brasileira tem enfrentado uma forte ascensão do conservadorismo, a exemplo dos diversos projetos de lei que caminham no sentido de desconstrução de direitos arduamente conquistados, especialmente os que se referem aos direitos sexuais e reprodutivos que afetam diretamente as mulheres e a população LGBT.

Esse conservadorismo não é um movimento espontâneo. De acordo com Iamamoto (2000, p. 21-22), o conservadorismo é:

> [...] fruto de uma situação histórica específica: a sociedade de classes em que a burguesia emerge como protagonista do mundo capitalista. É este, segundo Mannheim, o ambiente sociológico do conservadorismo moderno, isto é, do tradicionalismo tornado consciente como um "contramovimento", oponente

histórico das tendências da ilustração. [...] A fonte de inspiração do pensamento conservador provém de um modo de vida do passado, que é resgatado e proposto como uma maneira de interpretar o presente e como conteúdo de um programa viável para a sociedade capitalista.

Explicita ainda Iamamoto (2000, p. 24) que, dentre as características do pensamento conservador, está a da:

> [...] apreensão da sociedade como constitutiva de entidades orgânicas, funcionalmente articuladas, cujo modelo é a família e a corporação. Os pequenos grupos são tidos como fonte das relações interpessoais, da sociabilidade e da moralidade. Os elementos sagrados, irracionais [...] são valorizados, em contraposição ao primado da razão. Tradição e costumes legitimam a autoridade.

O conservadorismo é acionado, de acordo com Mészáros (2002, p. 272), "[...] quando há grandes dificuldades e perturbações no processo de reprodução, manifestando-se de maneira dramática também no nível do sistema geral de valores". Para tanto, complementa:

> Os porta-vozes do capital na política e no mundo empresarial procuram lançar sobre a família o peso da responsabilidade pelas falhas e "disfunções" cada vez mais frequentes, pregando de todos os púlpitos disponíveis a necessidade de "retornar aos valores da família tradicional" e aos "valores básicos" (Idem, p. 272).

Fica evidente, portanto, que lançar mão de valores tradicionais em torno da defesa de um modelo conservador de família heteropatriarcal, assentado no patriarcado, não é algo desenvolvido por um mero moralismo deslocado de interesses materiais concretos, a garantia da reprodução da ordem do capital. Sob uma análise materialista, de acordo com Verônica Ferreira (2017, p. 157),

> [...] podemos afirmar que embora estas expressões no plano da vida singular expressem, com efeito, uma concepção cultural, atuem a partir de ideologias patriarcais e em geral reforçando-as — a boa maternidade atrelada ao cumprimento de atividades relacionadas à saúde das crianças, o número responsável de filhos, alimentação saudável etc. — este consenso está forjado sobre uma

base material e um interesse concreto: o tempo apropriado do sujeito social subordinado nas relações sociais de sexo, classe e "raça".

Nesses termos, o Estado e a ofensiva capitalista patriarcal com "os mecanismos dominantes de produção de consensos acionam o mais profundo conservadorismo, reeditam os apelos familistas e maternalistas e reavivam as ideologias fascistas" (Ferreira, 2017, p. 187). Assim, em momentos de crise, demanda-se maior investimento na ideologia dominante para responsabilizar as famílias (mais precisamente as mulheres) pela garantia do processo de reprodução diante da precarização das políticas sociais. Nesse sentido, na atual fase de acumulação capitalista, segundo Verônica Ferreira (2017, p. 18-19):

> São as mulheres dos setores mais pauperizados da classe trabalhadora aquelas que carregam o ônus da precariedade dos serviços públicos no Estado neoliberal e mobilizam mecanismos formais e informais de enfrentamento da desigualdade que estão na base das expressões da questão social. Essa imagem, que poderia ser tomada pelo pensamento conservador como expressão de uma "natureza" feminina orientada para o cuidado, evoca um dado material concreto. O tempo, energia e saberes de um determinado grupo social — as mulheres — de uma determinada classe social — a classe trabalhadora — ancoram as expressões mais dramáticas da exploração e do desapossamento produzidos pelo capitalismo hoje.

A autora ainda nos chama atenção de que o trabalho doméstico não remunerado das mulheres, no contexto de precariedade das condições de reprodução social, não se encerra no domicílio, ou seja, estende-se para além de suas residências, "na medida em que realizam tarefas de limpeza de ruas, calçadas e canaletas, como condição para a manutenção da higiene de suas próprias residências" (Ferreira, 2017, p. 161). Tudo isso associado aos "cuidados com netos(as), filhos(as) e familiares, que tomam parte substancial do tempo e do que conforma o trabalho doméstico na reprodução social" (Idem). Nesse sentido, segundo Maria Betânia Ávila (2015, p. 34):

> [...] as políticas sociais de "combate à pobreza" desenvolvidas no Brasil sustentam-se no trabalho das mulheres, as quais são chamadas a participar, sobretudo como "mães" e também como "donas de casa". Assim, reificam-se esses

papéis para legitimar esta forma de exploração e operacionalizar as políticas a um custo baixo.

É com essa linha de raciocínio que tecemos uma análise crítica da presença do familismo[9] nas políticas sociais. Adverte-nos Mota (2013, s.p.) de que, na atual fase de acumulação do capital, a mercantilização da esfera da reprodução repercute em dois níveis:

> [...] na expropriação e mercantilização de atividades domésticas e privadas não mercantis e na superexploração dos trabalhadores e das famílias. A privatização dos serviços os impele a retirar parte dos seus salários para comprar seguros e planos privados de saúde, complementação das aposentadorias e educação; particularmente, no caso das mulheres dos países periféricos, além das duplas jornadas de trabalho, são obrigadas a incorporar, como parte das suas atividades domésticas, um conjunto de afazeres que deveria ser de responsabilidade pública, a exemplo dos cuidados, dentre outros serviços.

Essa realidade impacta diretamente na condição de vida e de trabalho das mulheres. Segundo o *Relatório da Comissão Externa da Feminização da Pobreza* (2004), do Senado Federal, são as mulheres negras e indígenas as mais atingidas pelos ajustes estruturais, por terem agravada a sua situação de acesso a postos de trabalho e oportunidades de emprego.

Do desmonte das políticas sociais e da ausência do Estado, advém para as mulheres o aumento da carga de trabalho doméstico não remunerado — invisível, não valorizado pela previdência nem protegido como atividade de reprodução social —, responsabilidades essas antes devidas ao poder público. Não havendo equipamentos como creches, hospitais, centros de convivência para idosos e crianças, lavanderias e restaurantes comunitários, serão as mulheres que absorverão tais tarefas (cuidar de crianças, idosos, doentes etc.). E, essas horas que as mulheres dedicarão ao trabalho reprodutivo — não remunerado — como consequência, subtrairão significativamente as suas possibilidades no

---

9. Compreendemos o "familismo" como uma característica organizativa do sistema de proteção social, "em que a política pública considera — na verdade insiste — em que as unidades familiares devem assumir a principal responsabilidade pelo bem-estar de seus membros" (Esping-Andersen, 1991, p. 5 *apud* Mioto, 2008, p; 136).

mercado de trabalho, obstaculizando o pleno exercício de suas capacidades produtivas (Senado Federal, 2004, s.p.).

Segundo dados do IBGE (2010),[10] em 2010, 33,7% das mulheres e 25,7% dos homens tinham rendimento mensal de até 1 salário mínimo. Dentre as mulheres negras, 40,3% recebiam até 1 salário mínimo, já entre as camponesas, o índice era de 50,5%. As mulheres permanecem, ainda, com rendimento médio inferior ao dos homens, o equivalente a 76,5% (IBGE, 2015)[11]. Dados segregados por raça/cor apontam que o rendimento médio das mulheres negras equivale a 35% do rendimento médio dos homens brancos, o que demostra a desigualdade abissal quando consideramos a combinação das variáveis sexo e raça (IBGE, 2010). A diferença entre o rendimento médio das mulheres negras em relação ao das brancas foi equivalente a 52% (Idem). Já a diferença do rendimento das mulheres brancas em relação ao dos homens brancos equivale a 67% (Idem). As mulheres camponesas[12] possuem a menor renda registrada (480,00 reais), valor abaixo do salário mínimo em 2010. Em relação à ausência de renda, registrou-se que 30,4% das mulheres com 16 anos ou mais não tinham nenhum rendimento em comparação a 19,4% dos homens. Ainda no tocante às pessoas sem rendimento, a maior proporção foi entre as camponesas (32,3%) em relação às mulheres urbanas (23,9%), e entre as negras (27,4%) em relação às brancas (22,6%) (Idem). Nas famílias chefiadas por negras, 67,1% sobreviviam com até um salário mínimo de renda familiar *per capita*, percentual muito maior se comparado ao das famílias chefiadas por mulheres brancas, que era de 42,3% (Ipea, 2015).

Segundo o Ministério da Saúde (2016), 60% das mortes durante o parto no SUS são de mulheres negras. Esse dado é um exemplo da existência do racismo institucional que impacta as condições em que vive e morre a população negra no Brasil.

---

10. Trata-se do livro: *Estatísticas de gênero: uma análise dos resultados do censo demográfico de 2010*. Disponível em: <http://biblioteca.ibge.gov.br/pt/biblioteca-catalogo?view=detalhes&id=288941>. Acesso em: 15 jun. 2017.

11. IBGE. Retrato das desigualdades de gênero e raça. 2015. Disponível em: <http://www.ipea.gov.br/retrato/mapa.html>. Acesso em: 12 out. 2017.

12. O IBGE utiliza a terminologia mulher rural, todavia, resolvemos adotar a expressão camponesa por corresponder não apenas a uma dimensão físico-geográfica, mas, sobretudo, a uma identidade política.

No campo da política, segundo o CFEMEA (2014), as mulheres representaram 51,9% dos eleitores, mas somente 13,4% de vereadores, 11% dos prefeitos, 14,8% dos senadores, 7,4% dos governadores, 8,7% dos deputados federais e 12,8% dos estaduais.

Como explicitam Cisne e Duriguetto (2015, p.23):

> Esses dados da representação política e do mundo do trabalho revelam as raízes de uma sociedade historicamente assentada no patriarcado e no racismo, na qual o capitalismo brasileiro se desenvolveu. Nesse terreno, a "democracia e liberdade", para uma "minoria dominante", tornou-se "oligarquia e opressão para a maioria submetida" (Fernandes, 1981, p. 350), ou seja, a democracia brasileira está associada a uma "democracia restrita típica" (Idem, p. 359).

A violência contra a mulher, no Brasil, também atinge índices alarmantes. Entre 2001 e 2011, estima-se que ocorreram mais de 50 mil assassinatos de mulheres pela sua condição de sexo, ou seja, são cerca de 5.000 mortes por ano (Garcia, Freitas e Silva., 2015, s.p.).

Esses índices caracterizam a alarmante existência do feminicídio em nosso país. Segundo Giulia Oliveira et al. (2017, s.p.): "O Brasil é o quinto país no mundo em número de feminicídios [...]". Tais dados apontam, ainda segundo as autoras, "a necessidade de se pensar, não apenas alternativas para o enfrentamento da violência contra a mulher, como entender as bases [patriarcais] que subsidiam esse perverso cenário de morte e violência que permeia a vida das mulheres".

O Dossiê Violência contra as Mulheres,[13] da Agência Instituto Patrícia Galvão, apresenta uma compilação de dados que nos mostra a gravidade do fenômeno da violência contra a mulher no Brasil, onde há: 5 espancamentos a cada 2 minutos (Fundação Perseu Abramo/2010); 1 estupro a cada 11 minutos (9º Anuário da Segurança Pública/2015);[14] 1 feminicídio a cada 90 minutos (Violência contra a mulher: feminicídios no Brasil, Ipea/2013); 179 relatos de agressão por dia (Balanço Ligue 180 — Central de Atendimento à

---

13. Disponível em: <http://www.agenciapatriciagalvao.org.br/dossie/>. Acesso em: 30 jan. 2016.

14. Esse dado revela que a prática violenta do estupro não foi superada com o fim da escravidão, o que denuncia a estrutura patriarcal de controle sobre os corpos das mulheres ainda persistente nas relações contemporâneas.

Mulher/jan.-jun./2015); e 13 homicídios femininos por dia em 2013 (Mapa da Violência 2015/Flasco). Ainda segundo a Agência Patrícia Galvão, 3 em cada 5 mulheres jovens já sofreram violência em relacionamentos, de acordo com a pesquisa realizada pelo Instituto Avon em parceria com o Data Popular (nov./2014).[15]

A despeito da gravidade desse cenário, as políticas públicas voltadas para a prevenção e o enfrentamento à violência contra a mulher no Brasil ainda são incipientes. Reconhecemos avanços importantes como a Lei n. 13.104/2015, que tornou o feminicídio crime hediondo, e a Lei Maria da Penha (LMP), que qualifica a violência contra a mulher como crime e amplia seu entendimento para além da violência física, mas, também, inclui a psicológica, a moral, a sexual e a patrimonial. Antes da LMP os casos, geralmente, eram julgados pela Lei 9.099/95, que trata de "crimes de menor potencial ofensivo", sendo equiparados aos casos de briga entre vizinhos e de acidente de trânsito. Os agressores só eram presos em caso de homicídio ou lesão corporal grave, ou seja, somente quando a vítima ficasse impossibilitada de trabalhar por mais de 30 dias. A LMP resultou de uma trajetória de luta dos movimentos feministas, passou a reconhecer e tratar a violência contra a mulher como uma questão pública e, como tal, com o dever do Estado em intervir e coibir sua prática. Todavia, embora esta Lei tenha se tornado:

> [...] o mais importante instrumento jurídico positivo brasileiro para efetivação dos direitos humanos das mulheres de possuir uma vida livre de violências [...] demonstrou-se que há uma grande defasagem entre a norma e a realidade; entre o reconhecimento positivo (enunciação legal) e o alcance das condições reais para efetivação do direito humano [...] (Táboas, 2014, p. 99).

O grande desafio, de fato, está em possibilitar as condições concretas para que a LMP se efetive. Nessa direção, a AMB (2011, p. 48) apresenta uma síntese da problemática em torno da efetividade da LMP:

> Governos estaduais criam, mas não instalam os equipamentos (delegacias, casas abrigos, etc.). Outras vezes instalam em condições precárias sem pessoal ou sem infraestrutura física necessária, Ou, como ocorre na maioria dos casos,

---

15. Disponível em: <http://agenciapatriciagalvao.org.br/violencia/dados-e-pesquisas-violencia/dados-e-fatos-sobre-violencia-contra-as-mulheres/>. Acesso em: 28 jan. 2016.

têm debilidades de gestão da rede ou não investem recursos suficientes para a sua manutenção, funcionamento e ampliação. [...]

Um dos problemas identificados em nossas ações de monitoramento foram os entraves do sistema federativo, que obstaculiza muitos procedimentos de transferência de recursos. Outra questão é o despreparo dos recursos humanos e a prática de contratação por serviços temporários, levando a equipes provisórias nos serviços [...].

Se essa situação não invalida a política, positivamente avaliada, com certeza demonstra como o Estado patriarcal e sua máquina burocrática resistem a inovar em políticas que mudem a vida das mulheres (destaques nosso).

Comungamos com a avaliação da AMB de que "a desigualdade de gênero não foi encarada como uma questão estrutural" nesse país. Para exemplificar isso, a AMB (2011, p. 50) cita os impactos dos grandes projetos do Programa de Aceleração do Crescimento (PAC)[16] — construção de barragens e hidrelétricas; transposição do Rio São Francisco; construção de complexos turísticos; retomada da política de energia nuclear etc. — na vida das mulheres. Tais projetos são, afora os problemas ambientais que provocam, "uma ameaça à autonomia econômica das mulheres". Esses projetos "[...] são massivamente orientados para a mão de obra masculina". Marcelino, Faria e Moreno (2014, p. 19) ilustram essa concentração de trabalho masculino, apresentando dados na construção da barragem de Belo Monte:

> A divisão sexual do trabalho é uma marca dos empregos gerados na construção das hidroelétricas. Dos 22 mil trabalhadores contratados no Consórcio Belo Monte, apenas 12% são mulheres. O salário mais baixo pago aos homens gira em torno de R$ 1.200,00, enquanto as mulheres ganham entre R$ 800,00 e R$ 1.000,00, nos empregos de limpeza dos alojamentos e escritórios.

Segundo a Plataforma Dhesca Brasil (2012),[17] com a hidrelétrica de Belo Monte, entre 2010 e 2011, houve um aumento dos crimes sexuais em 18,75% nos 11 municípios impactados pelas obras entre 2010 e 2011. Em Altamira,

---

16. O PAC, segundo Behring (2010, p. 164), "retira recursos da seguridade por meio da renúncia fiscal, para setores como a TV digital [...]. Assim teremos crescimento financiado pela seguridade, crescimento sem redistribuição, crescer sem dividir".

17. Disponível em: <http://www.plataformadh.org.br/files/2014/05/2011_meio_ambiente_rio_madeira.pdf>. Acesso em: 20 fev. 2016.

houve um aumento de 75%. Na barragem em Porto Velho, foi registrado um aumento assustador nos índices de violência após o início das obras. O número de homicídios dolosos cresceu 44%, entre 2008 e 2010, o de crianças e adolescentes vítimas de abuso ou exploração sexual subiu 18% e o de estupros cresceu 208% entre 2007 e 2010.

Além disso, essas grandes obras provocam vários e sérios problemas ambientais, contribuem para inviabilizar fontes de trabalho para as mulheres no campo, nas florestas, entre as populações ribeirinhas e no litoral. Dos danos provocados ao meio ambiente, destacamos a poluição de rios, lagos e terras que impedem a pequena agricultura e a pesca artesanal — atividades voltadas para o autossustento e que, em geral, são realizadas por mulheres.

Além da gravidade para a autonomia econômica das mulheres, as obras do PAC ainda têm provocado outra grande e séria problemática: "em torno dos canteiros de obras cresce a violência e exploração sexual", que tem se tornado uma alternativa de sobrevivência diante da precarização das condições de vida (AMB, 2011, p. 50). Segundo a AMB (2011, p. 68), das grandes obras, portanto, têm sobrado para as mulheres:

> [...] a falência das possibilidades de trabalho, a prostituição, a privatização da água, a concentração de terras nas mãos de poucos, a sobrevivência mediante programas emergenciais de transferência de renda que mantêm as mulheres dependentes da assistência social ao invés de abrir caminhos para a sua autonomia econômica.

O primeiro-damismo[18] não deixou de existir, assim como as políticas assistencialistas implementadas por organizações religiosas para as "mulheres carentes", as quais, de acordo com a AMB (2011, p. 22): "supostamente apenas têm carências e nunca direitos". Esse é um forte obstáculo para o avanço dos direitos das mulheres, a execução das políticas por diversas organizações religiosas que acessam o fundo público, ferindo o princípio da laicidade do Estado.[19] Sobre essa problemática, a AMB (2011, p. 22) alerta:

---

18. O primeiro-damismo apresenta desde o seu nascedouro uma motivação política, explica-nos Torres (2002, p. 40): "[...] o Estado lança mão dos valores femininos para sensibilizar a sociedade a intervir na chamada 'questão social', dando impulso ao espírito filantrópico a partir de uma prática assistencialista, que marcaria a face da ação das primeiras-damas no Brasil".

19. As sociedades religiosas não pagam impostos e recebem subsídios governamentais para a suas instituições assistenciais e de ensino. O ensino do Cristianismo faz parte do currículo das esco-

[...] muitos setores conservadores e antifeministas estiveram, em nome do trabalho com as mulheres, acessando recursos públicos e executando políticas sociais de distintos ministérios, entre eles o da Saúde, o de Desenvolvimento Social e outros. Nesse esteio, organizações cristãs católicas, com orientação conservadora e fundamentalista, acessaram recursos públicos para o trabalho social conservador antifeminista no campo e nas cidades.

Essa perspectiva também fere o I Plano de Políticas para as Mulheres, no qual é preconizado que as políticas públicas para as mulheres

[...] devem ser formuladas e implementadas independentemente de princípios religiosos, de forma a assegurar os direitos consagrados na Constituição Federal e nos instrumentos e acordos internacionais assinados pelo Brasil (Brasil. Presidência da República/SPM, 2005, p. 8).

Em relação ao programa social de maior visibilidade no país, o Programa Bolsa Família (PBF), que define prioritariamente as mulheres como beneficiárias, Marlene Rodrigues (2008, p. 222) afirma que a inserção nesse programa não significa "que as mulheres experimentem uma mudança no *status* social ou maior autonomia". A autora fundamenta esse pensamento ao afirmar que transferência de renda não é reconhecida como direito, logo, "a condição de beneficiária tende a ser um componente a mais no conjunto de estigmas com os quais as mulheres têm de lidar diariamente, por serem mulheres, por serem pobres e por serem negras". Além disso, "o atrelamento do acesso à renda ao cumprimento de condicionalidades" provoca, "frequentemente", a sobrecarga de responsabilidades às mulheres, o que tende a ser uma "fonte de culpabilização" delas "quando se considera que não estão cumprindo a contento as tarefas associadas ao seu papel de mães" (Rodrigues, 2008, p. 222).

Isso não significa, contudo, que no bojo de suas contradições o PBF não possibilite resultados positivos. Destacamos, por exemplo, a melhoria na alimentação ou mesmo o acesso a bens, dando, portanto, às mulheres a pos-

---

las públicas. Em alguns estados, os professores de ensino religioso são funcionários públicos e recebem salários. Como se isso não fosse suficiente, algumas sociedades religiosas exercem pressão sobre o Congresso Nacional, dificultando a promulgação de leis que versem sobre os direitos sexuais e reprodutivos. Além disso, "há símbolos religiosos nas repartições públicas, inclusive nos tribunais". Disponível em: <www.nepp_dh.urj.br/olé/posicionamentos2.html>. Acesso em: 12 abr. 2012.

sibilidade de usufruir, ainda que minimamente, de um mundo outrora desconhecido para muitas. Com o PBF, algumas passaram a ter a possibilidade de definição dos bens de consumo e até mesmo de acesso a um mundo mais público, não apenas via mercado, mas, também, pela sociabilidade que o programa permite por meio das atividades que promove (cursos, reuniões etc.), o que pode contribuir para a superação da "clausura" doméstica que marca o cotidiano de muitas e, até mesmo, o engajamento de algumas em grupos de mulheres. Contudo, consideramos que o **PBF** não foi pensado como uma forma de fortalecimento para autonomia das mulheres. Para nós, **o seu fundamento está associado ao interesse de instrumentalização da mulher para gestão da pobreza à moda neoliberal e não para a sua autonomia**. Para entender essa incompatibilidade com a autonomia feminina, basta citar que "menos de 0,2% das mulheres integradas pelo Bolsa Família chegaram ao final desses oitos anos de governo [governo Lula] com uma qualificação profissional que lhes credenciasse a ocupar vagas no mercado de trabalho" (AMB, 2011, p. 52).

Nesse sentido, entendemos que não basta às mulheres passarem a ser titulares de programas, é necessário pensar os programas e as políticas públicas em uma perspectiva feminista, ou seja, que não reforce a divisão sexual e racial do trabalho, a sobrecarga de responsabilidades ditas femininas e que possibilite o avanço para a autonomia das mulheres, assegurando condições legais de trabalho.

2.2.1 Diversidade sexual e violência LGBTfóbica

Nosso objetivo, neste item,[20] é caracterizar a LGBTfobia, que corresponde à violência e às violações de direitos cometidas diretamente contra lésbicas, *gays*, bissexuais, travestis e transexuais em espaços públicos e privados. Compreendemos a LGBTfobia como uma expressão deletéria do sistema heteropatriarcal-racista-capitalista. Entendendo-a como uma prática que limita e obstaculiza a liberdade e a vida dos indivíduos, esse tipo de violência nos faz pensar o quanto ainda estamos na "pré-história" da humanidade mediante o recrudescimento do conservadorismo e a crescente violência.

---

20. As informações contidas neste item foram atualizadas de Santos (2005).

A vivência amorosa e a prática sexual entre pessoas do mesmo sexo integram, praticamente, todas as sociedades, nas mais distintas épocas.[21] Resta, no entanto, identificar as razões sócio-históricas que fazem com que a heterossexualidade seja considerada a orientação sexual aceita socialmente, enquanto qualquer orientação distinta da heterossexualidade é brutalmente negada e/ou os indivíduos são alvo de preconceito e de discriminação. Vale registrar que, no campo das orientações sexuais, não há como definirmos com rigidez as fronteiras entre homossexualidade, bissexualidade e heterossexualidade. Os indivíduos, determinados pelos seus sentimentos, em sua vida cotidiana, rompem tratados e regras preestabelecidas. Não temos, portanto, nenhuma intencionalidade de instituir campos demarcatórios fixos, mas de apreender como esse tipo de violência adentra o cotidiano em face do heterossexismo.

> Pela metade do século XIV, a visão de sociedade quanto à identidade sexual era muito diferente da que existira no mundo antigo. Essa mudança radical foi produzida pelas autocracias combinadas da Igreja e do Estado, que se recusavam a admitir a bissexualidade. A sexualidade estava agora tocada pela divindade de Deus e tornou-se sagrada (as mulheres eram tão marginalizadas que sequer eram consideradas). Em termos práticos, qualquer expressão sexual fora do casamento [...] estavam contaminadas pelo demônio (Spencer, 1999, p. 119).

A bissexualidade, que até então era tida como dimensão integrante da sexualidade humana, torna-se proibida. Foi nesse período que a prática bissexual ganhou *status* de perversão sexual e se instituiu uma espécie de polaridade na prática sexual, dividindo-a entre práticas que deveriam ser estimuladas, ou seja, aquelas desenvolvidas entre indivíduos de sexos opostos, e as práticas que deveriam ser reprimidas, porque eram realizadas entre indivíduos do mesmo sexo. Estava consolidado, assim, o que Spencer (1999) denominou como a criação do "Estado homofóbico", ou mais precisamente, a formação da sociedade LGBTfóbica.

Para o entendimento da LGBTfobia, partimos, inicialmente, do que é fobia: "Fobia é um sentimento ou reação externa de rejeição a algo de que não gostamos, sobre o qual não concordamos, que não aprovamos ou do qual

---

21. Para resgatar a forma como a relação afetivo-sexual entre indivíduos do mesmo sexo era tratada nas sociedades antigas, cf. dentre outros Spencer (1999).

temos medo" (Gonçalves, 2001, p. 13). A fobia é o medo e a rejeição a uma determinada situação levada ao extremo. Existe um tipo de fobia que se desenvolve em relação às pessoas, ao seu jeito de ser. Nesses casos, a fobia se manifesta em relação à sexualidade, mas também à religião; à raça; à etnia; ao modo de vida, entre tantos outros aspectos. Em síntese, trata-se de uma manifestação de violência, que se materializa em diferentes ações de violações de direitos e reprodução da negação da diversidade.

A lesbo/homo/bi/transfobia são manifestações da violência. A população LGBT é historicamente alvo de violência, que se materializa tanto na violência física quanto em sua dimensão sociossimbólica. Neste último tipo, muitas vezes, atributos físicos levam à suposta identificação de comportamentos, modos de ser, em que individualidades são predefinidas com base em critérios moralistas, de caráter ideológico e normativo que se encontram enraizados na forma de preconceito. Há uma prévia dedução da orientação sexual e da identidade de sexo dos indivíduos pelo seu jeito de falar; andar; vestir e se comportar. Quando se distanciam do padrão aceito socialmente (heterossexualidade; masculino; feminino), são alvo de insultos gratuitos que atingem suas subjetividades e, frequentemente, ocorrem, também, agressões de caráter físico.

Em outras situações, os indivíduos podem até vivenciar sua orientação sexual não heterossexual, mas tem de fazê-la de modo o mais "discreto"[22] possível, vivendo numa espécie de exílio social. Nesses casos, as relações se estruturam na forma de silêncio, segredo e invisibilidade social. Esse segredo atravessa, dentre outras, as relações na família, no trabalho e no universo de parte das amizades. Nas palavras de Guilherme Almeida (2018, p. 159):

> [...] as relações sociais produzem os meios para que a existência de determinados indivíduos e grupos não seja percebida, registrada ou celebrada e, para que assim, os comportamentos mais convenientes à manutenção da ordem social sejam consagrados.

Em pesquisa sobre o direito à cidade para a população LGBT, Silva e Santos (2015, p. 503) afirmam que nas condições do capitalismo contemporâneo as cidades apresentam:

---

22. Entendemos que permeado à imposição da "discrição" há, em grande medida, repressão e opressão que levam à inibição da vivência livre e publicizada dos afetos e desejos.

Problemas, dentre outros, como crescimento da violência; densidade populacional; segregação socioespacial; especulação imobiliária; assentamentos humanos "ilegais" e violação dos direitos humanos são, ao mesmo tempo, problemas sociais e urbanos que em cada cidade se manifestam, considerando as particularidades locais e o modo de o Estado e de a sociedade absorverem as determinações societárias e conjunturais.

Trata-se, portanto, do entendimento de que a sociedade capitalista, notadamente em suas particularidades de realidade periférica, como é caso da realidade brasileira, é uma sociedade violenta, posto que a desigualdade social define um modo de viver, de acordo com a classe social dos indivíduos.

As práticas de violência contra a população LGBT avançam nos mais diferentes espaços pelas ruas, pelas famílias e pelas instituições. São realizadas pela polícia, pelo Estado, mas também por indivíduos comuns no seu cotidiano, das piadas preconceituosas, passando pela violência policial e avançando para a violação explícita dos direitos humanos (Santos, 2005). As práticas de humilhação contra os indivíduos LGBT assumem a forma de um tipo de moralismo e de imposição autoritária e conservadora da vida afetivo-sexual. A homofobia/lesbofobia/bifobia/transfobia estão presentes, também, na patologização que tenta transformar especialmente as expressões da transexualidade em doença. Em maior ou menor grau de desenvolvimento, essas práticas fóbicas significam rejeição do outro, que orienta sua vida afetivo-sexual desejando e amando indivíduos do seu mesmo sexo ou quando questionam a identidade de sexo dos indivíduos. Desse modo, fica estabelecido, no campo da convivência sexual, uma separação radical entre práticas que são socialmente aceitas e estimuladas, e aquelas que são condenáveis e proibidas, e exatamente por isso são muitas vezes invisibilizadas. O resultado disso foi a criação de práticas e valores no âmbito da família, da escola, do Estado, enfim impregna todo o tecido social a imposição da "heterossexualidade" como a única orientação sexual considerada legítima e saudável (Santos, 2005). Prevalece, também, uma concepção biologizante da identidade de sexo dos indivíduos.

É neste sentido que afirmamos que a violência na sociedade hetero-patriarcal-racista-capitalista assume a dimensão estrutural e, assim:

> As cidades do capital são, portanto, espaços "construídos" numa perspectiva de criminalizar os/as trabalhadores/as e os movimentos sociais de resistência.

Disseminam-se preconceitos que encontram no *éthos* burguês oxigênio para sua reprodução. Em relação aos indivíduos com orientação sexual não heterossexual, a cidade se revela na contramão de um espaço para todos. Segmentos da população LGBT são rotulados e submetidos a viver silenciados e invisibilizados em sua expressão afetivo-sexual ou podem se expressar em espaços bastante específicos, privados e mercantis. As conquistas legais e de visibilidade política e social, resultado das lutas históricas, notadamente, dos movimentos LGBT e feministas não conseguiram ainda reverter esse quadro. E muitos indivíduos são desrespeitados e sofrem violência emocional e física no espaço entre a casa e a rua, em paradas de ônibus; no ambiente de trabalho; num hospital; na escola; no transporte público e nos mais diferentes ambientes de lazer e de convivência social. O Estado e muitas de suas instituições convivem e reproduzem o preconceito por orientação/expressão sexual e identidade de gênero de forma institucionalizada. Naturaliza-se a violação dos direitos humanos em ambientes que deveriam proteger os indivíduos contra todas as formas de violência e violação de direitos (Silva; Santos, 2015, p. 510).

• **Crimes de ódio: violência contra LGBT em sua forma extrema**

Os acontecimentos envolvendo a violência contra LGBT autorizam uma constatação: a fragilidade do Estado de direito e a naturalização da violência. Mesmo considerando conquistas importantes na judicialidade referentes ao universo LGBT, a realidade evidencia que a violência LGBTfóbica permanece como prática sociocultural enraizada. Os "crimes de ódio" integram a dimensão mais explícita no conjunto das expressões de violência que incide sobre as sexualidades, evidenciando, além do preconceito, a brutal eliminação dos indivíduos que orientam sua vida afetivo-sexual fora da heterossexualidade (Santos, 2005). De acordo com Mott e Cerqueira (2003, p. 9),

> [...] a grande contradição é que, concomitante a estas cruciais conquistas, persiste em todas as regiões do Brasil violenta intolerância anti-homossexual, cientificamente chamada de "homofobia". Este ódio explícito, cruel, persistente e generalizado, vai do insulto e ameaça a graves episódios de discriminação, constatados em todos os segmentos e esferas sociais. Incluem violência física, golpes e torturas, culminando em violentíssimos e pavorosos assassinatos — via de regra cometidos com requintes de crueldade, abrangendo elevado números de golpes e tiros, o uso de múltiplos instrumentos e tortura prévia. Crimes de ódio em que a homossexualidade da vítima motivou a agressão e pesou definitivamente no *modus operandi* do homicida.

Na década de 1980, aumentou no mundo inteiro a onda de perseguição e assassinato contra homossexuais em decorrência da explosão da Aids que foi, equivocadamente, associada como uma doença exclusiva de homossexuais e transmitida por esse segmento. No Brasil, houve recrudescimento da LGBTfobia com a perseguição, condenação e eliminação dos indivíduos LGBT, em nome de uma suposta moralidade.

Diferentemente das tragédias coletivas que comoveram e comovem o mundo, os massacres à população LGBT são considerados, na maioria das vezes, fatos isolados, individuais, meras crônicas policiais, ou como provoca Arruda (2001), trata-se de "assassinatos autorizados". Esses crimes, que questionam a efetividade do Estado de Direito, são, em muitos casos, acompanhados de requintes de crueldade, caracterizados como "matanças" que acontecem, rotineiramente, em quase todos os Estados brasileiros. Arruda (2001, p. 278) ao fazer uma comparação das justificativas utilizadas para as execuções sumárias no Brasil que já são sistêmicas, um *modus* institucionalizado, afirma:

> [...] há anos, dezenas de pessoas são assassinadas todos os meses, sob o olhar complacente do restante da população. Ela parece se satisfazer com a explicação policial de que na maior parte das vezes os mortos são pessoas envolvidas com crimes, especialmente o tráfico de drogas. É como se aceitasse a ideia de uma faxina, de eliminação dos elementos impuros, sujos, à revelia de qualquer código civilizatório.

Parece-nos que alguns segmentos da sociedade estão profundamente alicerçados em fundamentos conservadores que ganham força no cotidiano da vida social. Exemplos mais notáveis são os programas de televisão, destinados a fazer "coberturas jornalísticas" dos casos policiais, em que certas expressões se constituem em verdadeiros ataques linguísticos depreciativos à população LGBT e circulam, em canal aberto de TV em horários livres, com autorização de exibição concedida pelo Estado. Com o poder de formar opinião, numa velocidade difícil de ser alcançada pelas práticas educativas dos movimentos sociais, algumas falas veiculadas tendem a inflamar os crimes de ódio e, em se tratando do universo LGBT, quando o autor de um determinado delito é homossexual ou travesti ou transexual, há uma tendência em criminalizar a sua orientação sexual e a identidade de sexo, com a ideia de relacioná-las a um suposto submundo do crime e do consumo de drogas.

As entidades de defesa dos direitos LGBT afirmam que o Brasil é o país onde mais ocorrem assassinatos de LGBT. De acordo com levantamento feito pelo Grupo Gay da Bahia (GGB) que monitora, realiza pesquisa e faz um importante registro dos assassinatos de homossexuais no Brasil, os índices são alarmantes, mesmo considerando que podem ser inferiores à situação real, pois como afirma o GGB (2003), os crimes praticados contra LGBT ainda são subnotificados, prevalecendo a inexistência de dados oficiais sobre o assunto. Segundo o GGB, em 2016, foram registrados 343 casos de assassinatos contra *gays*, lésbicas, bissexuais, travestis e transexuais. Em pesquisa mais recente, realizada em 2017 e publicada em 2018, foram registrados recordes de mortes, com 445 assassinatos por LGBTfobia, o que revela, portanto, que "a cada 19 horas um LGBT é barbaramente assassinado ou se suicida vítima da LGBTfobia, o que faz do Brasil o campeão mundial de crimes contra as minorias sexuais"[23] (Mott; Michels; Paulinho, 2017, p. 1). Ainda segundo o GGB, os dados de 2017 representaram um aumento de 30% em relação ao ano anterior (Idem).

Na particularidade das travestis e transexuais, dos 445 assassinatos de 2017, 191 foram de pessoas trans, 43 lésbicas e 5 bissexuais. Muitos desses crimes são realizados de forma violenta, com requinte de crueldade, utilização de armas brancas, apedrejamento, degolamento e desconfiguração da face. Também é comum encontrar marcas intensas de violência nas genitálias. Um exemplo dessa crueldade foi o chocante assassinato em 2017, em Fortaleza, da travesti Dandara, que foi morta por 8 homens. Dandara foi apedrejada, espancada e baleada, tendo, ainda, seus algozes filmado o assassinado e postado nas redes sociais.[24]

Segundo Peixoto (2018), todos esses crimes que ocorrem diariamente possuem heranças intrínsecas à formação sócio-histórica brasileira, além de influenciados por uma construção moralista sobre as sexualidades. Instituições como a Igreja católica, o Estado colonial, o Estado republicano e as ciências médicas (principalmente a eugenista) distinguiam os/as homossexuais como pecadores/as, criminosos e doentes, respectivamente. Os discur-

---

23. Consideramos que o termo "minorias sexuais" não é o mais adequado para designar a população LGBT, pois tende a reforçar processos de dominação relacionados especialmente à invisibilidade social.

24. Disponível em: <https://www.portalt5.com.br/noticias/brasil/2018/1/46892-pesquisa-aponta-recorde-de-mortes-por-homofobia-no-pais-em-2017>. Acesso em: 28 jan.2018.

sos dessas instituições constituíram-se consolidados e legitimados ao longo dos dois últimos séculos, o que contribuiu para uma cultura de preconceito e discriminação que se estende até a atualidade.

Desse modo, a LGBTfobia deve ser entendida como uma derivação política, social e cultural de um sistema de opressão instaurado na sociabilidade brasileira. Porém, os insumos desta opressão e violência não se restringem apenas à esfera pública, mas compõem também a vida privada, congregando uma complexa teia de valores morais a serviço de um sistema político hegemônico (Peixoto, 2018).

A população LGBT é excluída de diversos espaços de vivências, que vão desde a família até o mercado de trabalho. Ao tratar especificamente sobre as condições de trabalho de LGBT, é possível identificar que uma grande parte das empresas brasileiras são hostis a empregados/as que não correspondam ao padrão da heterossexualidade. Prova disto são as perseguições no ambiente de trabalho; práticas de assédio moral e de exclusão de pessoas LGBTs em postos de trabalho com melhores remunerações, chefias e/ou cargos de destaques nas empresas.

Os crimes de ódio revelam, também, a gravidade da LGBTfobia e a incapacidade/insuficiência do Estado brasileiro de incidir sobre esta forma de violência. Prevalece o funcionamento de uma espécie de "Estado paralelo" que julga, condena e executa sumariamente. No caso dos crimes de ódio contra LGBT, estes são patrocinados por uma sociedade desigual, que articula relações patriarcais e rejeição à diversidade sexual e à livre identidade de sexo; que atribui pena capital pelo fato de esses indivíduos orientarem sua vida afetivo-sexual fora dos padrões dominantes, heterossexistas, aceitos socialmente.

Quando o GGB — Grupo Gay da Bahia — denuncia que não há uma estatística oficial das execuções contra LGBT, o que se evidencia é a ineficácia do Estado. Primeiro, por não reconhecer estes segmentos como sujeitos de direito e, segundo, por ser comum a ausência do processo de investigação, julgamento e condenação dos culpados pelos crimes de ódio. A "ausência" de dados oficiais sobre esse tipo de violência mostra o quanto a Polícia é uma instituição que permanece arraigada ao conservadorismo, uma instituição prenhe de preconceitos, dogmatismo e estereótipos.

Entendemos que a violência heteropatriarcal contra as mulheres não se esgota no feminicídio e na violência física — uma vez que são manifestações de uma violência estrutural que atinge todo o tecido social, passando centralmente pela desigualdades no mundo do trabalho, pela divisão sexual e racial do trabalho e de poder nas relações sociais — e contra a população LGBT da mesma forma. Essa população, ao ser associada ao universo feminino, está exposta aos trabalhos mais precarizados, mal remunerados, ao desemprego e ao subemprego e às múltiplas situações de violência, não apenas física, mas, também, social e psicológica.

Expressões dessa violência heteropatriacal estrutural sobre a população LGBT podem ser percebidas com breves dados sobre as ações, os programas e direitos sociais para população LGBT no Brasil. Segundo Tibério Oliveira (2016), com base nos dados de uma pesquisa do IBGE, realizada em 2011, apenas 1% dos municípios possuem o reconhecimento do nome social para travestis, transexuais e transgêneros; 1,8% possuem reconhecimento dos direitos LGBT; 1,4% possuem legislação sobre a discriminação LGBT; 8,7% possuem programas e ações para o enfrentamento à violência contra a população LGBT; e apenas 14% possuem órgãos gestores com políticas públicas voltadas para esse público.

Além de liderar os números dos crimes por LGBTfobia no mundo, o Brasil aponta índices alarmantes para essa população no mundo do trabalho, o que também revela a dimensão estrutural do sistema heteropatriarcal. Um estudo realizado em 2017 pela consultoria Santo Caos identificou que 41% de pessoas LGBT afirmam ter sofrido discriminação por orientação sexual ou "identidade de gênero"[25] no mercado de trabalho; 33% das empresas brasileiras não contratariam pessoas LGBT para cargos de chefia; 61% optam por esconder a orientação sexual no ambiente de trabalho; e 90% das travestis estão em situação de prostituição.[26]

Vimos, portanto, o quanto o país está distante de superar o quadro de violência estrutural do heteropatriarcado que possui em sua formação sócio--histórica. Além das expressões de violência direta que impactam, inclusive, nos alarmantes índices de assassinatos no Brasil e das parcas ações e programas para o enfrentamento da LGBTfobia no país, temos vivenciado um recrudescimento do conservadorismo que nos ameaça cotidianamente em

---

25. Nomenclatura utilizada pela pesquisa.

26. Disponível em: <file:///C:/Users/User/Downloads/demitindo-preconceitos-apresentacao--final.pdf>. Acesso em: 11 fev.2018.

termos de retrocessos de direitos. Como exemplo desse contexto, destacamos o Estatuto da Família (PL 6583/13), que só reconhece como família a configuração heterossexual formada por um homem e uma mulher. Com isso, esse projeto de lei não reconhece famílias homoafetivas e, por conseguinte, os direitos delas, como a adoção.

Outra propositura preocupante no cenário legislativo do país tem sido a defesa da chamada "cura *gay*". Trata-se de Projeto de Decreto Legislativo (PDC 234/2011), de autoria do deputado federal João Campos, que busca invalidar a Resolução 1/1999 do Conselho Federal de Psicologia (CFP), que orienta os/as profissionais da área a não tratar pessoas LGBT com propósito de "cura", bem como proíbe a utilização de mídia para reforçar preconceitos contra elas.

Por fim, outra expressão inequívoca do recrudescimento do conservadorismo e da LGBTfobia no país foi o resultado das últimas eleições para a câmara federal. Jair Bolsonaro (PP-RJ), uma das figuras públicas mais explicitamente LGBTfóbicas, foi o terceiro deputado mais votado do país e o primeiro do Rio de Janeiro, além de ser atualmente um dos nomes mais cotados à presidência da República nas eleições de 2018. Nomes como esses, com essas características LGBTfóbicas, se alteram no cenário nacional e disputam a consciência no senso comum da sociedade. A ausência de legislação adequada para punir práticas e discursos de ódio e/ou que disseminam a reprodução de preconceitos dessa natureza tem alimentado o ciclo da violência sob a pseudobandeira da liberdade de expressão.

Esse cenário corrobora com o dado de o Brasil ser o país mais LGBTfóbico do mundo e evidencia fortes desafios para o Projeto Ético-Político do Serviço Social, ao mesmo tempo que revela a importância da incorporação do feminismo e de defesa do direito à diversidade sexual na formação e atuação profissional.

Atividades complementares e dicas culturais

TEXTO DE APOIO 1

Explicando o modelo de família patriarcal (extrato)

(André Raboni)

"O chamado modelo patriarcal de família tem referência com o modelo senhorial e os clãs parentais. Quando pensamos em modelo patriarcal, pensamos de imediato em um tipo de estrutura familiar extensa, ou seja, é um conceito de família que abriga em seu seio todos os agregados.

Na definição da família patriarcal, temos uma família numerosa, composta não só do núcleo conjugal e de seus filhos, mas incluindo um grande número de criados, parentes, aderentes, agregados e escravos, submetidos todos ao poder absoluto do chefe de clã, que era, ao mesmo tempo, marido, pai, patriarca. O termo *patriarcalismo* designa a prática desse modelo como forma de vida própria ao patriarca, seus familiares e seus agregados. Nele, o *pater* seria o chefe (ou, autoridade maior) do grupo familiar. Logo, não se restringe apenas ao núcleo familiar pai, mãe e filhos, mas faz referência a todos os que giram em torno do núcleo centralizador dos vários tipos de relação: o patriarca. Dessa forma, o patriarca constitui-se em um *núcleo econômico* e um *núcleo de poder*.

Como núcleo econômico, vemos que o patriarca tem um extenso número de agregados, criados, escravos, etc. que dependem dele como provedor. Percebe-se que, neste modelo de sociedade, as relações econômicas contornam a figura do chefe — do *pater* — este, muitas vezes, era um senhor de engenho.

Como núcleo de poder destaca-se o fato de todos os seus agregados estarem subordinados a sua autoridade; é o *pater*, quase que na totalidade das vezes, quem decide o destino de seus agregados (sem nos esquecer dos outros núcleos de poder que atuam em conjunto com o patriarca, e que muitas vezes também estão subordinados a ele: aí incluímos autoridades religiosas, jurídicas e políticas).

O modelo patriarcal pressupõe, segundo a historiografia, algumas premissas como:

1. a visão de uma sociedade dividida entre *senhores* e *escravos* (*dominantes* e *dominados*). Este conceito analítico seria definido principalmente por correntes historiográficas de tendências marxistas.

2. A escravidão teria desvirtuado o comportamento familiar do modelo ibérico.
3. A família brasileira seria uma adaptação ao sistema colonial, ou seja, resultado de um processo singular de criação de um determinado tipo de estrutura social.

Essa visão, proposta sobretudo no terceiro ponto, naturalizou historicamente o modelo patriarcal. Nas discussões a respeito do tema, durante a década de vinte (quando estava em voga o processo de modernização das estruturas de produção e de comportamentos, sobretudo em Recife), cujo principal articulista foi Gilberto Freyre, no *Diário de Pernambuco* — jornal em que publicou diversos artigos ao longo dessa década —, a campanha regionalista e tradicionalista encamparia esta bandeira ao pressupor que a sedução ao moderno desenraizaria as tradições familiares do *ser original do Nordeste*.

O processo de colonização no Brasil deu-se sobre a égide de um tripé fundamental estruturador da sociedade brasileira. Seriam estas as bases: o latifúndio, a escravidão e uma economia agroexportadora. A família senhorial era a resultante desse tripé, segundo a formulação freyreana" [...]. (Disponível em: <https://www.recantodasletras.com.br/artigos/1160338>. Acesso em: 12 dez. 2017.)

TEXTO DE APOIO 2 (EXTRATO)

"[...] Orientação sexual é diferente de comportamento sexual, porque se refere a sentimentos e autoidentificação. Algumas pessoas, por medo ou repressão, não expressam a sua orientação sexual em seus comportamentos. A estas, a psicologia chama de egodistônicos (ao contrário, os egossintônicos são aqueles cujo comportamento está sintonizado com a sua identidade sexual).

A orientação sexual não é limitada a um tipo particular de pessoa. Os gays e as lésbicas pertencem a todas as idades, classes sociais, culturas, raças, religiões e nacionalidades. Eles trabalham em todas as profissões e moram em todos os lugares do país. Somos milhares e estamos em todas as partes.

O QUE DETERMINA A ORIENTAÇÃO SEXUAL DE UMA PESSOA?

Os cientistas ainda não têm resposta definitiva como uma orientação sexual em particular se desenvolve em qualquer indivíduo. Várias teorias têm sugerido diferentes fontes para a orientação sexual, inclusive fatores hormonais, genéticos ou congênitos, além de experiências vivenciais durante a infância. No entanto, muitos cientistas compartilham a visão de que a orientação sexual seja moldada, na maioria das pessoas, nos primeiros anos de vida, através de complexas interações de fatores biológicos, psicológicos e sociais.

[...]

A ORIENTAÇÃO SEXUAL É UMA ESCOLHA ?

Não. Para a maioria das pessoas, a orientação sexual emerge no início da adolescência, antes mesmo de qualquer experiência sexual. Algumas pessoas relatam terem tentado, durante muitos anos, mudar a sua orientação sexual de homossexual para heterossexual, sem sucesso. Por estas razões, os psicólogos não consideram que, para a maioria das pessoas, a orientação sexual seja uma escolha consciente, que possa ser voluntariamente mudada. Por isso, não se deve falar em 'opção ou escolha sexual' mas em 'orientação sexual' [...]".

Fonte: Grupo Gay da Bahia — GGB. (Disponível em: <http://www.ggb.org.br/orienta-homosexual.html>. Acesso em: 13 jan. 2018.)

Exercício 1

Objetivo: refletir sobre a formação patriarcal e escravista do Brasil e sua influência nas determinações e expressões da questão social.

Dica: pequise na internet uma obra de *Jean-Baptiste Debret, chamada Funcionário público saindo de casa com a família,* de 1820, que retrata a imagem do poder patriarcal e racista sobre as mulheres.

Com base no texto de apoio 1 e na imagem de Debret, reflita sobre o que alterou e o que permanece do patriarcado nas famílias na sociedade.

Debata em grupo:
Como o intercruzamento das relações sociais de sexo, raça e classe na formação brasileira influenciaram e influenciam as determinações e expressões da questão social no Brasil?

Exercício 2

Objetivo: identificar opressões que vivenciamos motivadas pela condição de sexo, raça, etnia, orientação sexual, classe ou identidade de sexo.

A Primeira Opressão a Gente Nunca Esquece

Individualmente, reflita sobre uma situação em que você se sentiu discriminada e oprimida (por seu sexo, raça, etnia, orientação sexual, classe ou identidade de sexo). Partilhe essa situação em pequenos grupos. No grupo maior, identificar os elementos gerais e realizar reflexão coletiva.

A partir das experiências partilhadas e dos elementos identificados, refletir sobre as causas dessa situação, e suas consequências objetivas e subjetivas sobre os sujeitos.

Situação	Protagonistas	O que aconteceu	Sentimentos
(características gerais: onde, quando, por que buscou o serviço etc.)	(pessoas que participaram da situação)	(descrição da história, com detalhes fundamentais)	(seus sentimentos no momento em que a situação ocorreu)

Fonte: SOS Corpo. *Ideias e dinâmicas para trabalhar com gênero.* Recife: Edições SOS Corpo, 1999.

Exercício 3

Objetivo: refletir criticamente sobre violência contra a mulher e a importância da denúncia.

Pesquise na internet o texto: "Hoje recebi flores!", de Paulette Kelly (1992, tradução A. C. Barros. Disponível em: <http://umpoucodetudokc.blogspot.com.br/2009/07/hoje-eu-recebi-flores.html>. Acesso em: 24 fev. 2018). Com base nesse texto e na figura a seguir, reflita em grupo sobre a violência contra a mulher e como ela costuma reincidir, levando muitas mulheres a permanecerem em um "ciclo de violência" por acreditarem ou mesmo terem a esperança de que foi a última vez, momento proporcionado, geralmente, por flores e promessas de felicidade por parte do agressor à vítima (fase conhecida como "lua de mel").

```
TENSÃO  ⇄  EXPLOSÃO  ⇄  LUA DE MEL

Brigas e          Violência física,        Arrependimento e
discussões        podendo chegar          promessas de que a
                  à morte                 violência não se repetirá;
                                          bastante comum o
                                          recebimento de flores...
```

Após esse momento, ouça a música "Maria da Vila Matilde", de Elza Soares, e reflita sobre a importância da denúncia:

> "Cadê meu celular?
> Eu vou ligar pro 180
> [...]
> Você vai se arrepender de levantar a mão pra mim
> Cê vai se arrepender de levantar a mão pra mim"
>
> (Elza Soares)

Dica 1: a dependência emocional e financeira, o medo, a vergonha e a falta de políticas públicas e equipamentos sociais são as principais determinações para a permanência do relacionamento da vítima com o agressor.

Dica 2: nem sempre a violência obedece à "lógica" do ciclo (tensão-explosão--lua de mel) descrito na imagem anterior, embora seja muito comum, todavia, há situações de vivência de violência que podem se concentrar na fase da "tensão", como pode haver também "explosão" sem passar pela fase da tensão. É muito importante ter atenção para a fase da "lua de mel", que provoca ilusões e mantém a vítima no ciclo da violência.

Dica 3: leia a cartilha: *Enfrentando a violência contra a mulher:* orientações práticas para profissionais e voluntários. Autora: Bárbara M. Soares. Disponível em: <https://www12.senado.leg.br/institucional/omv/entenda-a-violencia/pdfs/enfrentando-a-violencia-contra-a-mulher-orientacoes-praticas-para--profissionais-e-voluntarios>.

Essa cartilha possui dicas importantes, bem como descontrói mitos sobre o fenômeno da violência contra a mulher.

Dica 4: consulte a Lei Maria da Penha (Lei 11.340/2006). Disponível em: <https://presrepublica.jusbrasil.com.br/legislacao/95552/lei-maria-da-penha-lei-11340-06>.

Exercício 4

Objetivo: refletir sobre o significado de ser mulher negra em uma sociedade com uma herança patriarcal e escravista.

Ouça e leia a música "Antiga poesia", de Ellen Oléria:

> "A planta é feminina, a luta é feminina
> La mar, la sangre y mi América Latina
> O meu desejo é que o seu desejo não me defina
> A minha história é outra [...]
>
> (Ellen Oléria)

Após ouvir a música, debata em grupo:
1. Como é ser mulher negra em uma sociedade com uma herança patriarcal e escravista?
2. Qual a importância da resistência e da luta das mulheres negras?

Exercício 5

Objetivo: refletir sobre diversidade e orientação sexual.

Com base no Texto de Apoio 2, pedir para as pessoas refletirem e debaterem em grupo:
1. O que você entende por orientação sexual? Diferencie de opção ou escolha sexual.
2. O que impede as pessoas de usufruírem a liberdade de orientação sexual e a identidade de sexo?

3. Como deliberação do 39º Encontro Nacional CFESS-CRESS realizado em 2010, foi alterado, pelo CFESS em 2011, no Código de Ética do(a) Assistente Social, o termo opção sexual para orientação sexual e foi incluído o termo identidade de gênero no princípio XI. Leia a apresentação à edição 2011 do Código de Ética e reflita em grupo sobre as razões por que isto aconteceu e qual a relevância social de tal procedimento.

Exercício 6

Ouça e leia a letra da música "Não recomendado", de Caio Prado:

> "A placa de censura no meu rosto diz:
> Não recomendado à sociedade
> A tarja de conforto no meu corpo diz:
> Não recomendado à sociedade
> Pervertido, mal-amado, menino malvado, muito cuidado!
> Má influência, péssima aparência, menino indecente, viado!"
>
> (Caio Prado)

Após isso, subdivida a turma em dois grupos, e distribua as frases 1 a 7 para o grupo 1 e as demais para o grupo 2:

1. "Preferia ter um filho criminoso a ter um filho bicha."
2. "Me arrependo de não ter abortado você. Você é um desgosto e uma vergonha para a família."
3. "Preferia que você não tivesse entrado na faculdade para não aprender a ser sapatão."
4. "Preferia chorar pela sua morte do que chorar por ter uma filha sapatão."
5. "É muito desgosto ter um filho homem que quer ser mulher."
6. "Isso não é coisa de Deus, você será castigado(a). Não é normal, duas pessoas do mesmo sexo não reproduzem, é contra a lei de Deus e da natureza."
7. "Não basta ser viado, ainda tem que se vestir de mulher. Seja pelo menos discreto para não envergonhar a família."
8. "Eu aceito você do jeito que você é, o que me importa é te ver bem e feliz."
9. "Você continua sendo minha filha amada, em nada te diminui você amar outra mulher."

10. "Tenho muito orgulho de ter um(a) filho(a) que não se esconde e enfrenta com firmeza preconceitos pelo direito de ser livre e vivenciar seus desejos e sentimentos."
11. "Estou do seu lado para o que der e vier, conte comigo para enfrentar o que for necessário para você ser feliz."
12. "Você não precisa mentir para sua família, não há motivo de vergonha, amar livremente de acordo com seus desejos é um direito seu. Estamos do seu lado."
13. "Não quero você vivendo uma vida dupla, de aparências. Seja você, minha filha. Sua namorada, minha nora, é bem-vinda em nossa família."

Peça para o grupo ler as respectivas frases, buscando senti-las, imaginando-se vivenciar as sensações descritas. Após esse momento, pedir para os grupos trocarem as frases e, em seguida, debaterem a experiência das sensações.

Dica: tanto a violência contra a mulher como a LGBTfóbica são fortemente vivenciadas nas famílias, o que complexifica a dificuldade de ruptura devido aos laços afetivos e, muitas vezes, de dependência financeira com os próprios agressores(as).

Sugestão bibliográfica

Viva o povo brasileiro, João Ubaldo Ribeiro.

Filmografia

Histórias cruzadas (EUA, 2011). Direção: Tate Taylor

O filme trata da relação entre trabalhadoras domésticas negras e empregadoras brancas. Indicado para discutir a divisão de classe e étnico-racial entre mulheres.

Que horas ela volta? (Brasil, 2015). Direção: Anna Muylaert

O filme problematiza o trabalho doméstico, a desigualdade e o conflito de classe entre mulheres. Indicado para refletir trabalho doméstico na cultura brasileira.

Flor do deserto (Reino Unido, Áustria, Alemanha, 2009). Direção: Sherry Hormann

Baseado em fatos reais, o filme retrata a violência patriarcal exercida sobre as mulheres na Somália, com destaque para a violência praticada pela excisão feminina, ainda quando crianças. Indicado para debater sobre a face explicitamente violenta do patriarcado sobre as mulheres

Madame Satã (Brasil, 2002). Direção: Karim Aïnouz

Baseado em uma história real, retrata a vida de uma *drag queen* emblemática da noite marginal carioca na primeira metade do século XX. Enfrentamento a múltiplas situações de violência e resistência na luta pela sobrevivência é uma marca dessa personagem. Indicado para refletir questões relacionadas ao racismo, à transfobia e à desigualdade social.

12 anos de escravidão (EUA, 2013). Direção: Steve McQueen

O filme reflete sobre violência e a degradação humana que provoca em torno das relações de exploração sobre o trabalho escravizado. Indicado para refletir criticamente sobre a escravismo e o racismo.

Meninos não choram (EUA, 2000). Direção: Kimberly Peirce

O filme aborda a vida de garoto trans que possui identidade masculina e mantém em segredo seu sexo biológico até que é descoberto e vivencia situações de preconceito e violência. Indicado para debater sobre transexualidade, preconceito e LGBTfobia.

Café da manhã em Plutão (Irlanda, 2005). Direção: Neil Jordan

O filme passa na Irlanda, no final da década de 1970. Deixado ainda bebê nas escadas de uma igreja, o travesti Patrick não abre mão de exercer sua identidade. Ao ir para Londres em busca da mãe, o rapaz se vê inadvertidamente envolvido em atividades do IRA (Irish Republican Army — Exército Republicano Irlandês). Indicado para debater a resistência de travestis.

Capítulo III

Feminismo e diversidade sexual: um encontro com o projeto ético-político do Serviço Social

Pensar a particularidade da relação entre feminismo, diversidade sexual e Serviço Social consiste no objetivo deste capítulo. Não temos a pretensão, aqui, de esgotar esse debate, mas de tecer algumas reflexões sobre a história da profissão em relação a tais temáticas, bem como ressaltar a pertinência dessa relação para o processo de renovação profissional, como um movimento contínuo em face dos ataques e ameaças do conservadorismo. Em outras palavras, pretendemos evidenciar como o feminismo e a defesa do direito à diversidade sexual são fundamentais para a afirmação do Projeto Profissional, denominado de Projeto Ético-Político, sobre o qual elucida Netto (1999, p. 104-105):

> [...] o projeto ético-político tem em seu núcleo o reconhecimento da liberdade como valor central — a liberdade concebida historicamente, como possibilidade de escolher entre alternativas concretas; daí um compromisso com a autonomia, a emancipação e a plena expansão dos indivíduos sociais. Consequentemente, o projeto profissional vincula-se a um projeto societário que propõe a construção de uma nova ordem social, sem dominação e/ou exploração de classe, etnia e gênero. A partir destas escolhas que o fundam, tal projeto afirma a defesa intransigente dos direitos humanos e a recusa do arbítrio e dos pre-

conceitos, contemplando positivamente o pluralismo — tanto na sociedade como no exercício profissional.

O entendimento do(a) usuário(a) do Serviço Social como indivíduo social, simultaneamente ser singular e ser genérico e pertencente a uma determinada classe social, e a atenção teórica concedida à vida cotidiana[1] contribuem de forma significativa para a incorporação à profissão, além de outras temáticas, do feminismo, da diversidade sexual e da questão étnico-racial. São conquistas importantes desse processo de amadurecimento,[2] no quadro de renovação teórico-metodológica e ético-política vivenciado na categoria profissional, a partir do final da década de 1970. A concepção histórica da sociedade, da individualidade e da luta de classes, como vimos especialmente no primeiro capítulo deste livro, está diretamente relacionada com a aproximação do Serviço Social com o marxismo e, em particular, com o adensamento da reflexão ética no debate profissional. Barroco (2003) faz uma análise crítica da trajetória ético-política do Serviço Social brasileiro e, ao destacar o processo de ruptura com a ética tradicional, sinaliza as insuficiências da aproximação com o marxismo, que interessam a nossa reflexão aqui:

> As formas de incorporação do marxismo pelo Serviço Social só adquirem condições de ser reavaliadas na segunda metade dos anos 70, no âmbito da crítica superadora do movimento de reconceituação. Aí são apontados seu ecletismo teórico-metodológico, sua ideologização em detrimento da compreensão teórico-metodológica, sua remissão a manuais simplificadores do marxismo, sua reprodução do economicismo e do determinismo histórico. Em termos políticos, questionam-se o basismo, o voluntarismo, o messianismo, o militantismo, o revolucionarismo (Barroco, 2003, p. 166-167).

Para as novas gerações de assistentes sociais, é fundamental o entendimento de que a ruptura com o conservadorismo no Serviço Social é um

---

1. Segundo Barroco (2003, p. 174) "é também na década de 80 que o Serviço Social se aproxima da discussão sobre a vida cotidiana, através de autores como Lukács e Heller, Goldman, Lefèvre".

2. A década de 1990, com o aprofundamento da reflexão ética a partir dos fundamentos ontológicos e a interação com o pensamento de Lukács, Gramsci e outros autores da tradição marxista, permitiu a consolidação do projeto ético-político profissional. "[...] Esse mesmo projeto avançou nos anos 1980, consolidou-se nos 1990 e está em construção, fortemente tensionado pelos rumos neoliberais da sociedade e por uma nova reação conservadora no seio da profissão na década que transcorre" (Teixeira; Braz, 2009, p. 195).

verdadeiro processo, que não é mecânico nem linear. Segundo Barroco (2003), um equívoco central, vivenciado na profissão, sobre as simplificações na aproximação do Serviço Social com o marxismo e a ética foi "[...] a consideração de que a opção de classe conduz, naturalmente, a uma moralidade positiva". A autora chama atenção para a relevância social da filosofia e do debate filosófico do marxismo, até então ausente, como um campo de conhecimento que possibilitou a superação deste equívoco, ou seja, da diluição mecânica da ética na política. Ademais, mostra a referida autora como apesar das mudanças teóricas importantes em oposição ao conservadorismo vivenciadas no processo de renovação profissional, "[...] o Código de 1986, de orientação marxista, não consegue superar a visão presente no marxismo tradicional: a que reduz a ética aos interesses de classe" (Barroco, 2003, p. 175). Podemos agregar aqui, também, toda ordem de simplificação relacionada ao entendimento dos direitos humanos, visto em alguns momentos da trajetória profissional em sua acepção meramente liberal, sem atenção, portanto, à historicidade da luta de classes e das lutas sociais e das diferentes reivindicações de sujeitos, como as mulheres, a população negra, LGBT, dentre outros segmentos que tiveram no decurso do desenvolvimento histórico seus direitos negados e violados.[3]

Toda esta movimentação, em busca de aprofundamento teórico-metodológico e ético-político, ocorreu na conjuntura da década de 1980, que marca a efervescência política e cultural que se gestou na luta contra a ditadura civil-militar, em defesa da liberdade e da retomada do Estado de direito. A formação de movimentos sindicais e sociais dá o tom da presença de variados sujeitos coletivos que, organizados no universo da esquerda, interferiram com suas reivindicações nas profissões, que foram chamadas, também, a se rever em seus posicionamentos e fundamentos teórico-éticos e políticos. Sobre isso:

> É a partir do final dos anos de 1970 e no decorrer da década de 1980 que, no cenário nacional, a relação do Serviço Social com as organizações, movimentos e projetos societários dos trabalhadores se substantiva de forma mais orgânica, possibilitada por determinações socioconjunturais e teórico-políticas, das quais destacamos: a) a reinserção da classe operária no cenário político nacional na segunda metade dos anos 1970, o que repôs a dinâmica política

---

3. Cf., Santos (2016) e Ramos e Santos (2016).

da luta de classes a partir do universo fabril e catalisou as demandas econômico-sociais dos movimentos sociais, também emergentes neste período [...]; b) a recorrência à teoria marxiana e à tradição marxista, superando a remissão a manuais simplificadores do marxismo por meio de uma crítica voltada para a superação dos influxos teóricos mecanicistas, economicistas e, em termos políticos, o combate às posturas voluntaristas, basistas e messiânicas; c) a dimensão sócio-ocupacional; d) a consolidação acadêmica e político-organizativa da profissão. São esses processos que constituíram a possibilidade de contestação do histórico conservadorismo profissional e que edificaram o constructo do que denominamos projeto ético-político do Serviço Social (Duriguetto; Marro, 2016, p. 101).

Amplamente abordada na literatura da área e recentemente revisitada por ocasião da comemoração dos 80 anos da profissão no Brasil,[4] a luta contra o conservadorismo é histórica e permeada por conflitos, limites e movimentos de superação. Posto isso, podemos afirmar que somente pelo fortalecimento da tendência verificada na organização política e acadêmica da profissão — a da reflexão crítica de forma permanente — são possíveis a identificação e o enfrentamento do conjunto de polêmicas e leituras simplificadas do marxismo que, em larga medida, dificultaram a incorporação das temáticas da diversidade no ambiente da profissão.

Como vimos no capítulo 2 deste livro, a complexidade da realidade exige constante disposição dos que fazem a categoria profissional para afinar as armas da crítica. É preciso, portanto, analisar de forma complexa os processos de exploração da força de trabalho, para não cair na armadilha de redução da realidade à dimensão econômica nem à mera dimensão subjetiva. O desafio está posto na perspectiva de construir mediações e conexões históricas profundas que permitirão desvendar os fios da dominação que atinge a classe trabalhadora, que apesar de constituir-se na maioria da humanidade, encontra-se em situação de barbárie material e subjetiva. A apreensão do movimento real do que é a individualidade, sua relação dialética com o gênero humano, com a luta pela liberdade e com a realidade de exploração e de opressão a que as mulheres e os indivíduos LGBT estão submetidos, seja em face do seu pertencimento à classe trabalhadora e dada sua orientação sexual e identidade de sexo, exige um patamar de inter-

---

4. Cf. Oliveira, 2016.

locuções teórica e ética bem opostas a qualquer simplificação de caráter economicista/determinista.

Seguindo o que aconteceu no ambiente das esquerdas na conjuntura pós-ditadura civil-militar, houve dificuldades no campo crítico do Serviço Social, do reconhecimento da diversidade sexual como tema legítimo e de interesse real da profissão, mesmo sob as bases teórico-metodológicas que proporcionaram "a intenção de ruptura" com um projeto profissional de caráter conservador, identificado na profissão sob a nominação de "Serviço Social tradicional". Ou seja, mesmo no campo do projeto ético-político profissional, a diversidade sexual foi captada, em um dado momento histórico, como uma mera questão/temática de caráter novo que implicava, quando muito, estudos sobre grupos e/ou indivíduos específicos, algo considerado, portanto, de menor relevância social e acadêmica. É possível que estudantes, assistentes sociais e pesquisadores(as) que se dedicam ao tema ainda sintam tais posicionamentos até os dias atuais. Isso significa que apesar de ampla incorporação da temática à profissão, permanecem inúmeros limites e desafios.

É inconteste, todavia, que o Serviço Social crítico passou a incorporar temáticas sintonizadas com as lutas de sujeitos políticos que vêm enfrentando historicamente o conservadorismo e múltiplas formas de violências e violações de direitos. Sujeitos esses — movimento feminista, negro e LGBT — que têm suas lutas apoiadas pelo Conselho Federal de Serviço Social (CFESS), a exemplo das campanhas nacionais: campanha nacional de combate ao racismo: "Serviço Social: mudando os rumos da história — reagir contra o racismo é lutar por direitos" — desenvolvida pela Gestão CFESS (2002- 2005) e da campanha lançada em 2006: "O Amor Fala Todas as Línguas", em defesa da diversidade sexual, e de diversos CFESS Manifesta e resoluções voltadas à defesa dos direitos das mulheres, da população negra, indígena e LGBT que, por vezes, provocam polêmicas e críticas por parte da categoria profissional.

Na particularidade da afinidade ético-política e da articulação do conjunto CFESS/CRESS com as lutas feministas, além de todas as manifestações públicas em defesa dos direitos das mulheres e contra a violência, destacamos como um marco a aprovação no Encontro Nacional CFESS-CRESS da descriminalização do aborto em 2009 e a aprovação em 2010 da sua legalização. Uma das bandeiras de luta mais polêmicas do movimento feminista passa a ser defendida pela profissão, ao reconhecer o reforço que a criminalização do aborto oferece às desigualdade de classe, raça e sexo, como enfatiza Castro (2016, p. 135):

> Diante de tantos desafios que marcam a realidade das mulheres quanto à prática do aborto (legal e ilegal) e percebendo que a sua criminalização reforça as desigualdades de classe, raça/etnia e sexo, a categoria provocou reflexões em suas instâncias de debate coletivo quanto à necessidade de se posicionar diante um grave problema de saúde pública e de violação de Direitos Humanos. Assim, ano por ano foi amadurecido o debate nos Encontros Nacionais até a deliberação por posicionamento favorável à legalização do aborto.[5]

A ABEPSS (Associação Brasileira de Ensino e Pesquisa em Serviço Social), também, passa a incorporar em sua pauta questões relativas à diversidade humana, de forma mais orgânica, a partir da criação do grupo temático de pesquisa (GTP) em Serviço Social, Relações de exploração/opressão de gênero, raça/etnia, geração, sexualidades.[6] Na Assembleia da ABEPSS, em 2014, aprovamos a indicação de inserção de uma disciplina obrigatória no currículo do Serviço Social sobre o mesmo tema desse GTP. Há, todavia, uma grande demanda de debate e aprofundamento teórico no próprio campo da produção crítica voltada para essas temáticas, o que dificulta o enfrentamento do pensamento conservador e dos preconceitos presentes nas relações sociais, e que rebatem na formação e no exercício profissionais do Serviço Social, à revelia do nosso Código de Ética.

A ENESSO (Executiva Nacional de Estudantes de Serviço Social) também vem se mobilizando em defesa da diversidade humana e contra todas as formas de discriminação. Exemplo disso foi a criação da ENESSO Feminista e a incorporação, em todos os encontros que promove, de uma mesa que trate das opressões/explorações sexistas, racistas e patriarcais.

Passemos a debater um pouco do histórico e da pertinência da relação entre o Serviço Social e uma perspectiva feminista e de defesa do direito à diversidade sexual.

---

5. Para um aprofundamento mais detalhado sobre a construção democrática e coletiva do posicionamento em defesa da legalização do aborto no interior da profissão, ver Braga; Mesquita e Matos (2013); Santos (2016) e Castro (2016).

6. Para um maior conhecimento do histórico desse GTP, ver Queiroz et al. (2014). Ressaltamos que o aprofundamento das reflexões levou àa subtração da questão da geração deste GTP e a criação de outro para o enfrentamento dessa temática.

3.1 Feminismo, divisão sexual do trabalho e Serviço Social

A história do Serviço Social é atravessada, desde a sua gênese, pelas relações sociais de sexo, uma vez que essa profissão não está inserida apenas na divisão sociotécnica do trabalho, mas, também, na divisão sexual do trabalho, determinação central dos antagonismos e desigualdades que configuram aquelas relações, como vimos no primeiro capítulo deste livro. Segundo Granemann (1999, p. 162):

> [...] já se tem um razoável nível de conhecimento acumulado sobre a categoria, para dizer que o Serviço Social é uma profissão predominantemente feminina. Tal determinação não é isenta de consequências em uma sociedade que remunera as mulheres, por esta condição, com salários em geral 50% menores do que os pagos aos homens que exercem atividades idênticas.

A presença marcante de mulheres na composição da categoria profissional, bem como no seu público usuário,[7] não é algo apenas importante para ser analisado, mas indispensável para o entendimento do significado sócio-histórico e ideopolítico do Serviço Social, ao passo que constitui um dos selos da identidade profissional, assim como está eivada de determinações e implicações sociais. Ao ser considerada uma profissão feminina pela divisão sexual do trabalho, o Serviço Social carrega, como uma das principais implicações, um baixo *status* social e baixos salários.

A primeira questão a ser analisada é que essa característica de predominância feminina não é algo espontâneo, tampouco natural, mas socialmente determinada pela divisão sexual do trabalho patriarcal, ao imputar às mulheres uma responsabilização sobre as expressões da questão social, assim como assegurar grande parte da reprodução da força de trabalho por meio de atividades remuneradas e não remuneradas, vinculadas ao "cuidado", ao trabalho doméstico e às atividades extensivas ao mesmo. Para tanto, o sistema patriarcal-racista-capitalista não mede esforços em desenvolver uma ideologia que naturaliza o "papel" da mulher na sociedade por meio de uma cultura e educação sexista que fomenta que ser mulher é sinônimo de sacrifício e doação ao outro, ainda que em detrimento de si, dos seus desejos, das

---

7. As mulheres, segundo Mészáros (2002), compõem 70% dos pobres do mundo. Reside aí a explicação central do perfil feminino do nosso público usuário.

suas necessidades e do seu tempo. Sob essa ideologia, a mulher é o **Outro**, como nos ensinou Simone de Beauvoir (1980).

É no bojo dessa cultura que o Serviço Social emerge como profissão, radicalmente associado à benemerência, à caridade e a uma moral cristã patriarcal que impusera às mulheres o "papel" ou mesmo a obrigação de serem "bondosas", "caridosas", "acolhedoras", "amáveis".

A Igreja Católica, instituição de forte influência na gênese da profissão, contribuiu historicamente com essa ideologia patriarcal ao configurar o modelo de uma "boa mulher": as "moças boazinhas", abnegadas, caridosas e assistencialistas sob o modelo de Maria, mãe de Jesus. Esse modelo referencial, a ser seguido com fidelidade pelas cristãs, de uma mulher "santa", "assexuada", de mãe exemplar, com espírito de sacrifício e pureza, a exemplo de Virgem Maria, é chamado de "marianismo", entendido como:

> [...] o culto da superioridade espiritual feminina, que considera as mulheres semidivinas, moralmente superiores e espiritualmente mais fortes do que os homens. Esta força espiritual engendra a abnegação, quer dizer, uma capacidade infinita de humildade e de sacrifício (Stevens *apud* Ary, 2000, p. 72).

Como vimos no primeiro capítulo deste livro, nenhuma ideologia se desenvolve sem base material. O marianismo e toda cultura patriarcal possuem determinações concretas, que perpassam interesses de classe que, por sua vez, são atravessados, dentre outras relações sociais, pelas de sexo, as quais particularizaremos nesta análise. Quais seriam, então, a base material para explicar a presença majoritária das mulheres na profissão e, vinculada a ela, a ideologia do cuidado como uma obrigação feminina? É na divisão sexual do trabalho e em todos os interesses de classe que encontramos essa explicação.

Na particularidade da profissão, qual seria o interesse de estabelecer a profissão como feminina? As pioneiras do Serviço Social, advindas das classes mais abastadas, corresponderam aos interesses ideopolíticos dominantes, como salientam Iamamoto e Carvalho (1982, p. 176):

> Aceitando a idealização de sua classe sobre a vocação natural da mulher para as tarefas educativas e caridosas, essa intervenção assumia [...] a consciência do posto que cabe à mulher na preservação da ordem moral e social e o dever de tornarem-se aptas para agir de acordo com suas convicções e suas respon-

sabilidades. Incapazes de romper com essas representações, o apostolado social permite àquelas mulheres, a partir da reificação daquelas qualidades, uma participação ativa no empreendimento político e ideológico de sua classe e da defesa de seus interesses.

Essa suposta "vocação natural" atribuída às mulheres fomenta uma série de características e qualidades consideradas necessárias às pretendentes à carreira de Serviço Social, na gênese da profissão, como Iamamoto e Carvalho (1982, p. 227) demonstram:

> [...] ser uma pessoa da mais **íntegra formação moral**, que a um sólido preparo técnico alie o **desinteresse pessoal**, uma grande capacidade de **devotamento e sentimento de amor ao próximo**; deve ser realmente solicitado pela situação penosa de seus irmãos, pelas injustiças sociais, pela ignorância, pela miséria, e a esta solicitação devem corresponder as qualidades pessoais de inteligência e vontade. Deve ser dotado de outras tantas qualidades inatas [...]: **devotamento, critério, senso prático, desprendimento, modéstia, simplicidade, comunicatividade, bom humor, calma, sociabilidade, trato fácil e espontâneo, saber conquistar a simpatia, saber influenciar e convencer etc.** (grifos nossos).

Com tais características, consideradas "naturalmente" femininas, as(os) profissionais correspondem à necessidade do capital em controlar os conflitos sociais. Em outras palavras, a "docilidade, a meiguice, a compaixão e o dom de comunicação, convencimento e acolhimento" — conferidos historicamente às mulheres por intermédio da educação sexista — são funcionais para envolver a classe trabalhadora, de forma a "pacificá-la", atenuando os conflitos de classe por meio de um viés moralizante. Para tanto,

> [...] as figuras da "mãe", da "educadora" e do "sacerdote" são fundidas na imagem social dessa profissão, construída sob uma frágil base técnico-científica, historicamente tendente a dar importância a "dons", traduzidos em atributos de classe naturalizados como essenciais à tarefa educativa e moralizadora junto às classes subalternas (Iamamoto, 1994, p. 50).

Dessa forma, a ideologia patriarcal é funcional aos interesses da classe dominante pela influência da mulher na família, considerada "base da reprodução material e ideológica da Força de Trabalho" (Iamamoto; Carvalho 1982, p. 219), fundamental, portanto, para assegurar a reprodução social.

Sob essa ideologia, há um processo de desprofissionalização da profissão, uma vez que o Serviço Social não é considerado trabalho técnico-especializado, marca comum em profissões consideradas femininas. Com tais requisitos, não se considera a importância da profissão como uma especialidade da divisão sociotécnica do trabalho, mas uma atividade desenvolvida pelos atributos e qualidades considerados naturalmente das mulheres. Assim, muito mais que ser valorizado como trabalho, o Serviço Social vai se constituindo como algo vinculado ao "dom" ou mesmo um papel feminino.

Além das qualidades consideradas "femininas", Iamamoto e Carvalho (1982, p. 228) ainda afirmam que havia uma "valorização de critérios marcadamente ideológicos" para o perfil exigido às pretendentes à carreira de Serviço Social:

> [...] à boa saúde acrescenta-se a ausência de defeitos físicos; as condições no meio familiar e social deverão ser investigadas, pois serão reveladoras das qualidades morais do pretendente. O relacionamento com personalidades de destaque [...]. Da mesma forma, a origem social é valorizada para o trato com os clientes [sic]. Estes se deixariam sensivelmente impressionar ao ver aqueles cujas condições sociais são bem diversas das suas, e que, no entanto, até eles se inclinam, procurando compreender-lhes os problemas e dificuldades, no desejo sincero de ajudá-los.

Esse perfil profissional exigido às pioneiras do Serviço Social está vinculado há dois sentidos de responsabilização das mulheres pelas expressões da questão social. Primeiro, do ponto de vista sócio-histórico, as mulheres atuavam em responder às expressões da questão social, reduzindo o papel e a responsabilidade social do Estado. Segundo, do ponto de vista ideopolítico, há uma moralização da questão social ao responsabilizar as mulheres pelas suas expressões — uma vez que a atuação profissional se dava, fundamentalmente, com mulheres —, e não as contradições e conflitos entre capital e trabalho, despolitizando, assim, a questão social.

Isso acontece devido à moralização dos conflitos sociais e à reprodução do marianismo por parte das primeiras profissionais na orientação às usuárias de seus serviços. A incorporação por parte das mulheres de papéis sociais, tidos como missões, como a maternidade, é fundamental para a efetivação da ideologia positivista,[8] pois a mulher representa, para os positivistas, a "base da família" que, por sua vez, adquiria o sentido de "pedra fundamental da sociedade". Assim, naturaliza-se a "missão sagrada feminina" como responsável pelo "cuidado" e "bem-estar" da família e da sociedade, correspondendo ao gosto da concepção positivista:

> [...] o pedestal em que se colocava a mulher foi um dos pilares do positivismo ortodoxo no Brasil. Os positivistas elevaram as mulheres por meio do que se poderia considerar como sendo a transfiguração do culto da Virgem. A feminilidade, vista como um todo, devia ser adorada e salva de um mundo perverso. Para os positivistas, a mulher constituía a base da família, a qual era pedra fundamental da sociedade. A mulher formava o núcleo moral da sociedade, vivendo sobretudo através dos sentimentos, diferentemente do homem. Dela dependia a regeneração da sociedade (Hahner *apud* Ary, 2000, p. 73).

Particularmente em relação ao Serviço Social, inserido na divisão sexual do trabalho e na cultura patriarcal a ela associada, é exigida dessas mulheres a execução de papéis determinados socialmente, no entanto, com caráter biologizante, ou seja, como se o fato de nascer mulher implicasse a obrigatoriedade de determinadas funções e "qualidades" a serem desempenhadas naturalmente. Ressaltamos, novamente, que esse viés não se dava apenas em relação às profissionais, mas, também, dessas em relação às usuárias de seus serviços que canalizavam a responsabilidade dos problemas sociais para família, mais precisamente para a mãe. Como demonstra o depoimento de uma das pioneiras do Serviço Social do Ceará, formada na década de 1950, por ocasião de uma entrevista concedida em 2001:

> [...] numa pesquisa aí de drogados que nós fizemos, com raríssimas exceções, *faltou a mãe. O colo da mãe é a primeira escola.* As primeiras palavras de incentivo, de acolhimento é no colo da mãe (Isabel, 81 anos *apud* Cisne, 2002, p. 57) [9]

Percebemos nesse depoimento a influência positivista na profissão, ou seja, cabe à mãe, de forma "incontestável", a responsabilidade pelo "equilí-

---

8. Embora o positivismo seja uma vertente teórica formulada em bases científicas, portanto, baseada na racionalidade (burguesa) e não na religião, no que diz respeito ao pensamento sobre a mulher, repõe, em grande medida, a ideologia patriarcal da Igreja, ainda que sob outras roupagens.

9. Nome fictício e idade correspondente ao ano de 2001.

brio", "normalidade" e "bem-estar" da sociedade, segundo as nomenclaturas positivistas. Outro exemplo do viés moralizante, marianista e patriarcal que foi forjado na cultura[10] e formação profissional das pioneiras do Serviço Social pode ser ilustrado com o trecho a seguir, extraído de uma monografia de conclusão de curso, escrita na década de 1950:

> Que nossa bondade se manifeste em tôda [sic] a nossa conduta, em nosso modo de falar e agir e que nossas meninas possam dar o testemunho do que somos para elas, *o que devemos ser: verdadeiras mães* (Franklin [1957] apud Cisne, 2002, p. 61, grifos nossos).[11]

É importante, todavia, não culpabilizarmos essas pioneiras devido à incorporação dessa perspectiva conservadora. Quando ressaltamos a dimensão sexuada da composição da profissão, cujo percentual é acima de 90% de mulheres, estamos falando da determinação da divisão sexual do trabalho sobre um sujeito que historicamente vem sofrendo as implicações de um sistema patriarcal que domina e explora as mulheres. Nesse sentido, não podemos nos esquecer da força ideológica que esse sistema associado ao poder da Igreja exerceu (e por que não dizer: exerce?) sobre as mulheres. Por isso, é fundamental uma formação profissional crítica que incorpore a perspectiva do feminismo.

Mesmo com esse viés conservador, não podemos deixar de ressaltar que as pioneiras assistentes sociais entraram no leque de oportunidades de carreira permitido às mulheres, no final do século XIX, como uma alternativa à inserção no mercado de trabalho. Como aponta Netto (1996, p. 84): "[...] parece-me válida a hipótese de que, pela via da profissionalização no Serviço Social, contingentes femininos conquistaram papéis sociais e cívicos que, fora desta alternativa, não lhes seriam acessíveis". Nesse sentido, Veloso (2001, p. 86) esclarece uma importante contradição que merece ser analisada:

---

10. Por "cultura profissional" compreende-se o horizonte de sentido em que são construídos práticas, representações, valores e imagens acerca da profissão como "estrutura de significado socialmente estabelecida" pelos sujeitos históricos que a demandam e por aqueles que a constroem cotidianamente. Para uma maior compreensão sobre o significado do conceito de cultura, ver Geertz (1999).

11. A citação anterior refere-se à atuação de uma assistente social num trabalho com jovens do sexo feminino no Instituto do Bom Pastor (internato).

Percebeu-se que o gênero esteve presente na institucionalização da profissão, conformando a "escolha" tanto do sujeito quanto do objeto da intervenção profissional: a mulher. Esta era vista como portadora dos valores que se pretendia veicular e reforçar no seio da classe trabalhadora. Por meio dela se pretendia estabelecer o controle dessa parcela da população. A contradição deste fenômeno se mostra quando busca a manutenção de um determinado *status quo* e permite, ao mesmo tempo, a possibilidade de emancipação de mulheres, por meio da própria profissão, e a ressignificação de valores e percepção crítica da sociedade, como ocorreu no caso do próprio serviço social. Basta citar, por exemplo, os avanços que este último vem promovendo no debate profissional, tanto na sua dimensão teórico-metodológica quanto na prático-interventiva, como foram os casos dos processos de discussão do Código de Ética Profissional, do currículo e da formação profissional, da Lei Orgânica da Assistência Social.

Por mais que percebamos a determinação patriarcal para o perfil profissional sexuado dessa profissão, podemos, com essa contradição posta socialmente, alterar o perfil conservador da profissão. Sabemos, contudo, que a inserção feminina em profissões foi possibilitada à medida que as mulheres passaram a exercer trabalhos extensivos aos já exercidos no mundo privado/doméstico, como o próprio autor assevera:

[...] A legitimidade e aceitabilidade das mulheres na profissão de assistente social, no que se refere ao gênero, se dão pelo fato de esta profissão demandar qualidades e atributos considerados femininos, ou seja, a mulher desempenhava, na esfera profissional, atividades semelhantes às que desempenhava na esfera doméstica. Era, portanto, uma saída das mulheres para a profissionalização com a atenuação dos preconceitos e da opressão (VELOSO, 2001, p. 85).

Outra ressalva importante é que esses sujeitos historicamente, também, resistem e enfrentam as opressões e explorações e, quanto mais consciência da opressão e exploração de sexo que sofrem e de sua relação com a dimensão de classe, mais condições de resistência e enfrentamento podem-se construir.

A despeito da importância dessa análise feminista em relação à profissão, comungamos com Netto (1996, p. 84) quando ressalta: "Campo de pesquisa em aberto, e potencialmente promissor, é aquele que aponta para as relações entre a profissionalização do Serviço Social e os movimentos específicos de mulheres [...]". Mesmo essa reflexão tendo sido escrita em meados da década de 1990 parece-nos atual. Ainda que tenhamos avançado nos últimos anos no debate com o feminismo, a exemplo da criação do GTP da ABEPSS Serviço Social, Relações de exploração/opressão de gênero, raça/etnia, e sexualidades, da realização de mesas com a temática das mulheres nos encontros da categoria e com o crescimento significativo da produção de conhecimento na área, ainda permanece o desafio de um maior estreitamento da relação com os movimentos de mulheres, tanto do ponto de vista teórico, quanto da intervenção profissional.

Por fim, algumas reflexões precisam ser cuidadosamente tecidas sobre o fenômeno da marca "feminina" da profissão. Não é por ser composta por mulheres, mas por ser considerada feminina que a profissão é subalternizada socialmente. Em outras palavras, o problema é estar inserida na divisão social e sexual do trabalho sendo considerada uma profissão de mulheres. Uma profissão associada ao "cuidado" (como nos consideram no senso comum), situada no âmbito da reprodução social e que sofre com o desprestígio social. O que regula, centralmente, essa sociedade é o mundo produtivo, o trabalho considerado produtivo, o que produz valor diretamente. As profissões vinculadas ao mundo da reprodução tendem a não só ser atribuídas ao feminino, mas também ao desvalor, posto que sua importância para a garantia da produção é invisibilizada e considerada muito mais uma obrigação feminina do que um trabalho especializado.

Gostaríamos de chamar atenção, ainda, de que essa discussão sobre divisão sexual do trabalho e Serviço Social não se refere apenas aos(às) outros(as), mas também, à maioria de nós que além de assistentes sociais, somos mulheres. Às vezes, ficamos em algumas reflexões abstratas e parece que o que estamos falando está distante da nossa realidade, quando está na nossa vida concreta. Quando falamos que o Serviço Social é predominantemente feminino, ou seja, composto por mulheres, são mulheres reais. São muitas de nós que sofrem violência, com a desvalorização social, com a precarização das políticas sociais que não atinge apenas o nosso público usuário. São muitas de nós que estão inseridas, por vezes, em trabalhos precários, em um cotidiano de um trabalho intensivo, extensivo e intermitente.

Não falamos aqui em dupla jornada de trabalho ou tripla, porque não são coisas separadas. Quando falamos dupla ou tripla jornada, tendemos a não perceber a relação intermitente do trabalho. As jornadas não são isoladas ou separadas. Nas palavras de Ávila (2009), as atividade de trabalho das mulheres constituem uma jornada de trabalho extensiva, intensiva e intermitente. Ou seja, há um *continuum* do trabalho das mulheres que se insere em uma única lógica de exploração: a do sistema heteropatriarcal-racista-capitalista. Falamos de uma vida que tem a ver com o tempo de trabalho que é praticamente ininterrupto e, ainda assim, é desvalorizado. Estamos falando de pessoas reais, de mulheres que têm pouquíssimo tempo livre e, portanto, menos condição de refletir, de estudar, de intervir e se organizar politicamente. Isso é um desafio enorme para a nossa profissão. Não só para a nossa profissão, mas para todas as mulheres.

Assim, entendemos a importância do feminismo para o Serviço Social em vários sentidos, não só pelo compromisso ético-político com o nosso público usuário predominantemente feminino, mas, também, para o entendimento do sentido sócio-histórico da profissão, para a análise crítica de nossa inserção na divisão sexual do trabalho, assim como para a formação de uma consciência feminista que contribua para percebermos a importância do feminismo como uma práxis social que nos permite reflexões teórico-críticas, bem como nos convida a ações transformadoras, voltadas à desnaturalização e ao combate às opressões e explorações sobre as mulheres, condições fortemente presentes na nossa profissão. Afinal, como destaca Iamamoto (1999, p. 105):

> Se a imagem social predominante da profissão é indissociável de certos estereótipos socialmente construídos sobre a imagem social da mulher na visão tradicional e conservadora de sua inserção na sociedade, o processo de renovação do Serviço Social é também tributário da luta pela emancipação das mulheres na sociedade brasileira.

A despeito dessa percepção da importância da luta das mulheres para a profissão, ainda é um grande desafio a consolidação de investigações, no âmbito da profissão, sobre os movimentos de mulheres e, ainda mais, em pesquisas que versem sobre a relação entre feminismo e Serviço Social. De acordo com Verônica Alagoano (2016, p. 86), de 1985 a 2014, tivemos apenas nove dissertações e quatro teses defendidas na Pós-Graduação em Serviço Social que versaram sobre o movimento feminista ou abordaram as lutas das mulheres inseridas em movimentos sociais. Esse dado nos demonstra o quanto ainda precisamos avançar na relação com o feminismo no âmbito da profissão. Esse avanço não deve se restringir apenas à dimensão teórica e investigativa, mas estar associado à dimensão política, no sentido de uma atuação profissional em sintonia com a luta feminista, em defesa das mulheres e da população negra e LGBT.

Por outro lado, reconhecemos que a produção de conhecimento, em um campo mais amplo dos chamados "estudos de gênero", cresceu de forma significativa no âmbito do Serviço Social, todavia, é preciso que analisemos a perspectiva teórica desses estudos, tendo em vista a grande influência da pós-modernidade nessa área.[12]

Por fim, ressaltamos, ainda, a importância da interlocução do Serviço Social com o feminismo por contribuir de forma significativa com:

1. A análise em uma perspectiva de totalidade das relações sociais com as quais trabalhamos, dentre elas, as relações sociais de sexo compreendidas como estruturantes, assim como as relações sociais de raça e classe, como enfatizamos no primeiro capítulo deste livro.
2. O fortalecimento dos processos de radicalização da democracia, ao se portar contra todas as formas de hierarquias e desigualdades.
3. O compromisso com a igualdade entre os sexos e a luta contra todas as formas de opressão, discriminação e preconceitos, como preconiza o Código de Ética do Assistente Social, de 1993.
4. O compromisso com o nosso público usuário, majoritariamente feminino e marcado, portanto, pelas violências e violações heteropatriarcais.
5. O desvelamento crítico da opressão e exploração particular que pesa sobre as mulheres e, portanto, sobre as usuárias dos nossos serviços, possibilitando o enfrentamento da "questão social" sem a reprodução de valores conservadores em torno da mulher, como no período da institucionalização da profissão.
6. O desvelamento das relações sociais de sexo articulado à luta feminista, em torno da constituição da categoria profissional das e

---

12. Para um maior aprofundamento sobre o estado da arte das ênfases do GTP Relações de exploração/opressão de gênero, raça/etnia, geração, sexualidades, recomendamos a leitura do documento que foi realizado por esse GTP: *Estado da arte*, apresentado no ENPESS (Encontro Nacional de Pesquisadores em Serviço Social), em 2016, em Ribeirão Preto.

dos Assistentes Sociais, contribui para o processo de renovação do Serviço Social na ruptura com a subordinação e desprestígio de uma profissão "feminina".

7. A adoção de uma prática consonante com o movimento feminista, em prol da luta das mulheres. Sendo as mulheres um segmento da sociedade que historicamente tem sido oprimido e que sofre maior pauperização do que os homens, a profissão estaria cumprindo seu compromisso político, explícito no Novo Projeto Profissional, com a emancipação humana.

De forma sintética, o feminismo é fundamental para o processo de renovação profissional, na medida em que não apenas luta pela reversão da subalternidade historicamente conferida às mulheres que também se expressa nas profissões consideradas femininas, mas, também, por ser uma práxis que contribui diretamente com as lutas contra todas as formas de opressão, hierarquias e explorações.

O convite do feminismo ao Serviço Social é, portanto, para ressaltar e fortalecer o compromisso com a luta por liberdade e igualdade substantivas, o que corresponde ao processo contínuo de enfrentamento aos conservadorismos e, ao mesmo tempo, com a afirmação da renovação da profissão e da emancipação humana.

3.2 Serviço Social e diversidade sexual

A relação entre o Serviço Social e a diversidade sexual insere-se no processo histórico de amadurecimento da renovação teórico-metodológica e ético-política da profissão no Brasil. É resultado, portanto, de mediações que, articuladas, permitem apreensão do contexto sócio-histórico em que emerge a temática no debate profissional, além das principais determinações e das polêmicas postas. A perspectiva de inclusão do tema da diversidade sexual no universo do Serviço Social brasileiro partiu do reconhecimento da sexualidade e da diversidade sexual como dimensões relevantes da vida dos indivíduos, que têm implicações nas suas condições de vida e de trabalho, bem como nas demandas e respostas profissionais e, também, por reconhecê-la como agenda política de sujeitos coletivos que resistem ao conservadorismo e desenvolvem articulações políticas no campo das esquerdas,[13] com o objetivo de enfrentar a violação de direitos e as formas opressivas contra a população LGBT.

Contradições e lutas marcam o início da relação entre o Serviço Social e a questão da diversidade sexual. Nesse sentido, é importante superar apreciação que apresenta caráter mecânico e, por vezes, a-histórico, a qual,tomando a profissão e os sujeitos profissionais de forma idealizada, não alcança o significado da luta levada por inúmeros estudantes e profissionais para que a diversidade sexual se tornasse um tema legitimado no debate do Serviço Social. Nesse caso, analisa-se a profissão como se as conquistas contra o conservadorismo não resultassem de luta real, no campo da organização política, da produção do conhecimento e do exercício profissional. Para o entendimento do significado disso, basta refletirmos sobre as bases teóricas e políticas da profissão no Brasil, notadamente do que convencionamos assinalar como Serviço Social tradicional.

Cabe, portanto, ressaltar que a exemplo de outras conquistas na profissão, a diversidade sexual não entrou na agenda profissional como um movimento endógeno ao Serviço Social, nem foi algo consensual na categoria de assistentes sociais. Foi decisiva a militância política de estudantes e sujeitos profissionais em outros espaços, bem como as interações políticas das entidades da categoria com outras profissões e conselhos profissionais, além de movimentos sociais e sujeitos coletivos com atuação na defesa da diversidade sexual e dos direitos humanos. Entre as profissões regulamentadas, merece destaque o protagonismo do Conselho Federal de Psicologia (CFP) que, em 1999, aprovou a Resolução CFP 001/99, "que estabelece normas de atuação para os psicólogos em relação à questão da orientação sexual". Por meio dessa Resolução, o CFP seguiu a agenda em defesa dos direitos humanos de indivíduos LGBT e inspirou diferentes profissões, nas dimensões da formação e do exercício profissional, a buscarem refletir criticamente sobre o preconceito e a discriminação em relação à orientação sexual.

Pelas características da inserção do Serviço Social na divisão social e sexual do trabalho como refletimos no item anterior deste capítulo, as inúmeras formas de discriminação e de preconceito dirigidas à população LGBT

---

13. Esquerdas no plural considerando a variedade de sujeitos coletivos (movimentos sociais, organizações com atuação na área dos direitos humanos e partidos políticos).

nos ambientes de formação e exercício profissional foram secundarizadas e invisibilizadas por um longo período. A ruptura com esta herança conservadora foi sendo construída no cotidiano da organização política da categoria, mas também por alguns profissionais em seus espaços de trabalho, na condição de assistentes sociais e de docentes. Essa tarefa permanece atual, apesar dos avanços conquistados, posto que o conservadorismo encontra novas formas de se manifestar a cada momento histórico. Segundo Irineu (2014, p. 195):

> [...] Ressalta-se, ainda, a inserção do grupo de trabalho "gênero, raça/etnia e orientação sexual" no Congresso Brasileiro de Assistentes Sociais (CBAS), em 2003, e no Encontro Nacional de Pesquisadores em Serviço Social (ENPESS), em 2004. Embora a produção de conhecimento concernente a essa temática seja incipiente no Serviço Social, é importante ressaltar que esta existiu até 2004, ainda que de forma pontual. Observa-se que nos últimos dez anos esse cenário tem sido alterado, tanto pela proeminência das manifestações do movimento LGBT, que trouxeram consigo a denúncia de índices de violência letal e demandas por leis e políticas específicas, quanto pela emergência das primeiras políticas governamentais para a população LGBT, que envolveram o incentivo financeiro — ainda que tímido — à produção acadêmica nessa área.

Por meio do processo de apreensão crítica das demandas e das condições de vida e de trabalho da população usuária foi possível identificar a força objetiva das determinações e suas implicações no trabalho profissional, e nos fundamentos teóricos e éticos da profissão. É incrível como a realidade se impôs quando assistentes sociais no cotidiano de diferentes áreas de atuação identificaram que entender historicamente o(a) usuário(a) é mais que o conhecimento do seu perfil econômico, e que as violações de direito e a exploração da força de trabalho a que estão submetidos os indivíduos atendidos pelo Serviço Social têm particularidades, que remetem, dentre outras questões, à dimensão da diversidade humana, tendo as relações sociais de sexo e, portanto, a diversidade sexual um lugar importante quando nos referimos ao conhecimento dos(as) usuários(as) e ao quadro de violação de direitos que vivenciam.

Um grande desafio foi, portanto, desmistificar que a sexualidade e as opressões decorrentes do heteropatriarcado não tinham conexão com a luta por direitos e com as questões relativas à formação e ao exercício profissional. De certo modo, não foi novidade que os segmentos conservadores presentes na categoria reagissem de forma negativa e com força política em face da inserção da temática da diversidade na profissão. Em relação à diversidade sexual se posicionaram/se posicionam abertamente em defesa do heterossexismo, contra as conquistas feministas e naturalizam o racismo. Exatamente por isso, reagem de forma conservadora à atualização da agenda profissional e criticam as entidades da categoria quando atuam em defesa da agenda feminista e da diversidade humana. Mais problemático, no entanto, é o fato de que no universo do projeto ético-político, ou seja, no campo crítico da profissão, tenham existido determinados segmentos que consideraram que o tema da diversidade sexual nada tinha a ver com a profissão. Reproduziram a ideia de que essa temática carrega em si um potencial conservador, por se referir à dimensão singular da vida dos indivíduos, e por ser o debate acadêmico e político no universo da temática hegemonizado pelos fundamentos do pensamento pós-moderno e, muitas vezes, até antimarxistas. Ainda que este último aspecto se constitua numa verdade, isso não significa que a temática não deva ser examinada e valorizada, principalmente se considerarmos que a sexualidade e a diversidade sexual integram a vida humana e são, em determinados períodos históricos, alvo da violação de direitos e da reprodução das formas de opressão. Esses posicionamentos à direita e à esquerda permearam o debate no campo crítico do projeto ético-político profissional no processo de luta pela inserção da temática.

Por todas essas reflexões apresentadas, estamos afirmando que a questão da diversidade sexual se insere na agenda do Serviço Social no Brasil a partir da combinação de um conjunto de elementos objetivos e subjetivos. Entre estes, quatro elementos merecem destaque. O primeiro se refere à realidade de violação de direitos vivenciada pela população LGBT e que se intensifica nas particularidades do capitalismo periférico. Tal fato traz implicações para as profissões, posto que nas diferentes instituições e áreas de atuação (educação, saúde, assistência social, previdência social, sociojurídico, etc.) os profissionais entram em contato com indivíduos LGBT que têm seus direitos violados em face da discriminação e do preconceito, e da própria ausência ou insuficiência do Estado em regulamentar sobre direitos referentes à livre orientação sexual e à identidade de sexo. Relaciona-se a isso a crescente visibilidade da organização política dos sujeitos coletivos LGBT que passaram a exigir, do Estado e das profissões, a defesa dos direitos humanos e da diversidade sexual.

Trata-se, portanto, de uma necessidade posta na realidade concreta de vida dos indivíduos, muitos dos quais usuários da profissão e, simultaneamente, expressa o resultado das lutas sociais desenvolvidas por sujeitos políticos coletivos LGBT na realidade brasileira. Desde o processo que deu início à saída da ditadura civil-militar no final da década de 1970, esses coletivos em defesa da livre orientação e expressão sexual se organizam e reivindicam direitos, sobressaindo-se a busca por regulamentação, no âmbito do legislativo e do judiciário, contra a violência e a discriminação por orientação sexual e identidade de sexo.

O segundo elemento volta-se à produção do conhecimento, com destaque para a elaboração de pesquisas em nível de pós-graduação sobre a temática no âmbito do Serviço Social, notadamente a partir dos anos 2000.[14] Os primeiros estudos e pesquisas cumpriram um papel decisivo ao evidenciarem a pertinência do tema na área do Serviço Social e/ou por enfrentarem, no próprio campo crítico da profissão, o questionamento sobre a possibilidade de extrair dos fundamentos do projeto ético-político profissional o alicerce para o entendimento da diversidade humana e sexual. Hoje é possível afirmar que o tema é discutido sob perspectivas teóricas diferentes, nos mais variados enfoques e áreas de atuação profissional (direitos humanos; saúde; educação; assistência social; análise das políticas sociais para a população LGBT, dentre outros).

O terceiro elemento diz respeito à existência de profissionais e estudantes LGBT no universo da profissão, com destaque para as feministas lésbicas, que de forma coletiva pautaram o tema em eventos estudantis e profissionais, rompendo o silêncio em torno da temática ainda na década de 1980. Houve, indiscutivelmente, grande contribuição, além de efetiva e qualificada participação de muitos desses sujeitos LGBT nesse processo.

---

14. Já temos iniciativas importantes de resgate dos estudos sobre Serviço Social e diversidade sexual mas ainda precisamos elaborar um levantamento e análise dessa produção em todo o Brasil. Até 2008, destacaram-se nos debates promovidos sobre o tema na área as pesquisas, em nível de doutorado, de Santos (2005), Silveira (2006) e Almeida (2005). Podemos, inclusive, afirmar que nem sempre se tratava de socializar os resultados desses estudos, mas de discutir sobre diversidade sexual contando com a participação desses(as) interlocutores(as) nas mesas temáticas.

Tal fato nos provoca a reflexão sobre o caráter não espontaneísta da agenda político-profissional. Tínhamos uma determinação objetiva que era a realidade da população LGBT submetida às violações de direitos, a expressões de violência e formas opressivas no cotidiano de trabalho; no transporte público; na família e nos espaços de convivência social e de lazer e nas diferentes instituições, com ênfase nas áreas da saúde, assistência social, previdência social e da educação. No entanto, essas questões não se transformaram automaticamente em demandas profissionais. O desafio de captá-las e apreendê-las no cotidiano profissional, de desenvolver estudos/pesquisas/militância política e realizar o debate/embate político para afirmar sua necessidade na agenda político-profissional do Serviço Social dependeu/depende, também, da iniciativa dos profissionais, em determinadas condições históricas. E foi justamente nesse ambiente polêmico de debates que algumas feministas lésbicas se destacaram com ousadia intelectual e política.

O quarto elemento articula-se com os assinalados anteriormente e se refere à condução política que as entidades da categoria e dos estudantes tiveram e seguem desempenhando para a inserção e aprofundamento da relação entre Serviço Social e diversidade sexual, na perspectiva de buscar caminhos estratégicos para assegurar o debate e lutar por direção social no contexto dos inúmeros temas e questões que o Serviço Social pesquisa e interage, além do necessário diálogo que estabelecem com movimentos sociais, com atuação na área da diversidade sexual e da identidade de sexo.

Em síntese, a inserção da diversidade sexual no debate da profissão não foi uma decisão meramente intelectual dos(as) pesquisadores(as) da área e/ou política das entidades da categoria (Conjunto CFESS-CRESS/ABEPSS/ENESSO) e de alguns estudantes e profissionais, nem mesmo decisão decorrente da existência de assistentes sociais e estudantes LGBT. Vale destacar que embora esses elementos assinalados sejam importantes e tenham contribuído bastante, o mais correto é admitirmos que tal inserção atende a um conjunto de determinações de caráter objetivo e subjetivo. Vejamos com mais detalhes a seguir aspectos da condução política que as entidades da categoria e dos estudantes tiveram e seguem desempenhando para a inserção e aprofundamento da relação entre Serviço Social e diversidade sexual.

3.2.1 As entidades nacionais da categoria e a questão da diversidade sexual

Na década de 1980, no ambiente das discussões no Movimento Estudantil de Serviço Social (MESS),[15] abria-se um caminho reflexivo: o Serviço Social fez uma virada teórico-metodológica e ético-política que colocou a profissão em outro patamar acadêmico e, também, político com articulação no campo das esquerdas, em que os marcos fundamentais foram a crítica, a recusa e a ruptura com o conservadorismo. Apesar disso, após a ruptura com o projeto profissional tradicional, a questão da diversidade sexual ainda não estava pautada e legitimada no campo crítico da profissão.

> Em meados da década de 1980 uma geração de estudantes de Serviço Social de diferentes universidades, com destaque para o Ceará, vinculados(as) à Universidade Estadual do Ceará (UECE), e para o Rio de Janeiro vinculados(as) à Universidade Federal do Rio de Janeiro (UFRJ) e à Universidade do Estado do Rio de Janeiro (UERJ), e nucleados em torno de um projeto de esquerda com atuação no universo do movimento estudantil de Serviço Social (MESS), buscou romper com um tipo de esquerda determinista e iniciou nos espaços organizativos do MESS, reflexões em torno da temática — Cultura e Valores. Além das discussões históricas realizadas pelo movimento estudantil sobre os eixos conjuntura, universidade, formação profissional, o eixo cultura e valores possibilitou o debate, dentre outras questões, sobre a sexualidade. Nesse sentido, foram realizadas oficinas com o tema — sexualidade e afetividade: uma questão de direito? A interrogação visava a provocar reflexões sobre a importância de o MESS discutir, em seus fóruns e ambientes organizativos, questões relacionadas à dimensão subjetiva dos indivíduos, em articulação com as condições concretas de existência. Como desdobramento dessas iniciativas de oficinas e debates no âmbito do MESS, e agregadas outras experiências profissionais e de pesquisa, o tema foi processualmente incorporado aos principais eventos da categoria profissional, a exemplo do CBAS e do ENPESS (Santos, 2016, p. 96-97).

Na perspectiva de elucidar eventos marcantes que contribuíram para a inserção da diversidade sexual na agenda do Serviço Social, Duarte (2014, p. 79) resgata um momento significativo:

---

15. Especialmente representações da Bahia, Ceará e Rio de Janeiro.

Não obstante, também foi em 1986, por ocasião do Encontro Nacional de Estudantes de Serviço Social (ENESS), na cidade do Rio de Janeiro, que pela primeira vez a abordagem das sexualidades se fez presente, resguardado o protagonismo do movimento estudantil da época. Composto também por lésbicas e gays, esse movimento inaugurou, no cenário nacional, em conjunto com outras pautas importantes à conjuntura da época, o referido debate, com as presenças à mesa de uma feminista, uma prostituta e um gay, todos militantes históricos que propunham inserir a questão da sexualidade na luta pela democratização em curso no país.

É preciso considerar que, certamente, nos mais diferentes lugares do país possam ter sido desenvolvidas iniciativas por estudantes, docentes, assistentes sociais que pautaram em eventos, aulas e debates a relevância social de o Serviço Social apreender a diversidade sexual como um aspecto importante referente às condições de vida dos indivíduos com os quais trabalha. No entanto, interessa-nos refletir aqui sobre o processo coletivo de inserção na agenda profissional. Duarte (2014, p. 78) chama atenção para o que considera uma interlocução tardia do Serviço Social com essa temática e mostra o protagonismo dos debates na área da saúde ao delimitar como objetivo de um dos seus trabalhos de pesquisa:

> [...] trazer alguns elementos históricos enquanto analisadores do processo de constituição dos cenários de luta e conquistas para a consolidação dos direitos de cidadania de lésbicas, gays, bissexuais, travestis e transexuais (LGBT), com recorte no campo da saúde, para a área de Serviço Social, quando, acadêmica e profissionalmente, ainda de forma tardia, mas proporcionada pela conjuntura política e de expressão dos movimentos sociais LGBT e suas pressões por direitos e cidadania, na primeira década de 2000, institui, em sua agenda político-profissional, o debate e os estudos sobre a diversidade sexual e gênero.

Se considerarmos a gravidade e a frequente reprodução da LGBTfobia nos mais diferentes espaços e instituições, incluindo a família, hospitais e ambientes de lazer e trabalho, veremos que Duarte (2014) tem razão ao considerar tardia a legitimidade da temática no debate profissional. No entanto, quando analisamos a luta histórica dos sujeitos coletivos LGBT no Brasil, nos deparamos com as dificuldades vivenciadas no próprio circuito das esquerdas, em que até meados dos anos 2000, a maioria dos partidos políticos ainda não incluía em suas agendas de luta a defesa da diversidade sexual

(Santos, 2005). Uma das exceções foi o Partido dos Trabalhadores (PT) e, mesmo assim, a criação de setorial LGBT nesse partido foi resultado de muita reivindicação e capacidade organizativa dos próprios militantes partidários que são LGBT.

As mais diferentes expressões da esquerda (socialistas, comunistas e social-democratas) organizadas no âmbito dos partidos políticos apresentaram inúmeras dificuldades de pautar a defesa da diversidade sexual. Afirmamos isso não para justificar as dificuldades vivenciadas na profissão, mas para evidenciar a força material que as ideias assumem quando apropriadas ideologicamente e de modo coletivo. Partidos políticos de esquerda que foram criados na perspectiva da análise crítica da sociedade capitalista e com o objetivo de conduzir as lutas sociais tiveram dificuldades e, em larga medida, reproduziram posicionamentos conservadores de caráter heterossexista ao não explicitarem compromisso com as reivindicações em defesa da diversidade sexual. O que dizer de uma profissão como o Serviço Social que tem no conservadorismo um dos seus alicerces, contra o qual várias gerações profissionais se insurgiram, considerando a capacidade de o conservadorismo se atualizar na sociedade e na profissão? Para ilustrar, vale a pena refletir sobre o balanço realizado por Matos e Mesquita (2011, p. 132) sobre a campanha "O amor fala todas as línguas. Assistente Social na luta contra o preconceito: campanha pela livre orientação e expressão sexual" que, inclusive, retornaremos mais adiante, quando afirmam:

> Na época do lançamento, alguns segmentos da categoria problematizaram qual a relevância e o porquê dessa campanha. As indagações giraram em torno da dúvida quanto à existência de outro tema mais importante para ser debatido. Tivemos acesso a informações, por meio de representantes dos CRESS do Rio de Janeiro, de São Paulo e do Ceará (gestões 2005-2008), sobre polêmicas nas equipes de Serviço Social, acerca da fixação ou não do material informativo da campanha, com a realização, inclusive, de votação entre os/as profissionais sobre a sua exposição ou não. E, ainda, que havia temas mais importantes a serem tratados, que era uma campanha inadequada e que o CFESS não tinha que se envolver com tais questões.

Ao refletirmos criticamente sobre esse processo, identificamos as bases de sustentação para certo distanciamento da profissão e também dos partidos políticos de esquerda com a temática em dois grandes pilares: uma tendência economicista[16] presente no marxismo e no ambiente das esquerdas, que influencia o Serviço Social e desdobra-se em fonte para a manifestação do conservadorismo que insiste em encontrar novas formas de se expressar, mesmo sob a perspectiva da renovação teórico-metodológica e ético-política vivenciada pela profissão. Consideramos, portanto, o par economicismo/conservadorismo como a principal dificuldade que limitou a abordagem da diversidade sexual no campo das esquerdas e também do Serviço Social. O que nos interessa destacar, neste momento, são as implicações que o economicismo gerou e que repercute no debate sobre diversidade sexual, por eliminar mediações na apreensão de complexos sociais como o direito, a cultura e a subjetividade, tornando-os epifenômenos do modo de produção capitalista (Santos, 2016).[17] Sobre isso, vale considerar:

> Podemos, assim, enumerar alguns problemas que a partir dos fundamentos economicistas incidem no tema da diversidade, quais sejam: simplificação brutal no entendimento da individualidade que é subsumida a uma noção economicista de classe social, que tende a absorver e a diluir, na desqualificação política, as grandes questões que permeiam a relação entre consciência e realidade ou sobre o papel ativo da consciência no mundo real; classificação do debate e da realidade em torno da cultura e das questões referidas à alienação no terreno antirrevolucionário ou, no mínimo, considerado algo de menor relevância e preocupação social, que não deveriam ser priorizados na reflexão teórica e na agenda política; instituição de um modo de apreensão das lutas sociais fora da história de modo idealista, o que levou à caracterização mecânica de lutas gerais e específicas, estas últimas vistas como de potencial de baixa densidade de importância, dada a incapacidade de gerar consciência de classe e conduzir os indivíduos a desvios da rota revolucionária; confinação do direito e da política às determinações econômicas; vulgarização da teoria que é tratada a partir das injunções imediatas da luta política (Santos, 2017, p. 11).

Do ponto de vista histórico, precisamos considerar que acontecem praticamente na mesma temporalidade o fortalecimento político dos movimen-

---

16. No capítulo I, item 1.1 deste livro, explicamos o que significa o economicismo.

17. Há uma vasta bibliografia que elucida as deformações teóricas e políticas provocadas pelo economicismo no universo do marxismo. Cf., dentre outros: Netto (1981); Andreucci (1982); Hobsbawm (1982); Gramsci (2001); Dias (2002); e a valiosa obra de Gramsci e de Lukács possibilita o entendimento dos limites e da necessária crítica ao economicismo.

tos sociais LGBT e a luta por inserção, visibilidade social, reconhecimento e valorização do tema diversidade sexual no Serviço Social. O movimento estudantil, notadamente por meio da ENESSO, deu uma contribuição significativa para a inserção do tema da diversidade sexual no Serviço Social por meio de debates e articulação política no ambiente das lutas em defesa dos direitos de LGBT. Do ponto de vista profissional propriamente dito, vale destacar o papel desempenhado pelo CFESS no reconhecimento e disseminação da questão da diversidade sexual no universo da agenda profissional do Serviço Social no Brasil. Sobre isso, é oportuno o entendimento de que:

> [...] o CFESS, entidade que, de acordo com a Lei de Regulamentação da profissão (Lei n. 8662/1993), tem a atribuição de orientar, disciplinar, normatizar, fiscalizar e defender o exercício profissional do/a assistente social no Brasil, reconhece questões e temáticas e suas implicações no exercício profissional. Mas não se trata de uma decisão meramente administrativa e/ou política e subjetiva da diretoria da entidade. As questões e temáticas são inseridas na agenda profissional, porque existem na realidade e adentram o universo do Serviço Social, ao se transformarem em demandas que requisitam respostas profissionais. Após um amplo processo de discussão nos espaços coletivos previstos na Lei de Regulamentação da profissão e/ou de decisão do Conjunto CFESS-CRESS, estas questões são analisadas, sob a perspectiva das competências e atribuições do/a assistente social e à luz dos instrumentos éticos e normativos da profissão. Vejam que a participação individual de assistentes sociais que atuam como militantes e/ou estudam a temática é muito importante. Contudo, enquanto profissão regulamentada, o Serviço Social constrói, de modo coletivo, sua agenda profissional no Encontro Nacional CFESS-CRESS, antecedido de encontros regionais descentralizados, de acordo com a divisão regional do país. Nestes encontros, que contam com a representação da diretoria dessas entidades e da base da categoria, a agenda político-profissional é discutida e aprovada (Santos, 2016, p. 33-34).

Indiscutivelmente, o tema da diversidade sexual no Serviço Social inserido inicialmente nas pautas estudantis ganha visibilidade e repercussão na categoria profissional, espraiando-se processualmente ao ambiente do exercício e da formação profissional por meio da atuação do CFESS. Ainda segundo Santos (2016, p. 97):

> As primeiras discussões nestes espaços contavam com um grupo numericamente reduzido de estudantes e profissionais interessados/as na temática, que

aproveitavam o espaço dos eventos nacionais da categoria para planejar iniciativas de socialização de reflexões sobre a temática e trocar experiências e informações sobre diversidade sexual e Serviço Social. O fio condutor dos debates era a identificação do preconceito relacionado à orientação sexual como uma realidade no Brasil, que, ao se desdobrar na vida cotidiana, assumia particularidades no universo profissional. Data, portanto, deste momento, o empenho individual de determinados/as profissionais em estudarem temas que permeiam o debate da diversidade sexual, dos direitos sexuais e do feminismo. Contudo, do ponto de vista da inserção na agenda profissional propriamente dita, por meio da atuação do CFESS, o grande marco é o ano de 2006, com a campanha: Assistente Social na luta contra o preconceito: campanha pela liberdade de orientação e expressão sexual.

Aprovada em 2005, no 34º Encontro Nacional CFESS-CRESS em Manaus/AM, essa campanha foi lançada no ano seguinte durante os encontros descentralizados CFESS-CRESS, tendo como marco nacional a realização de uma mesa temática sobre o tema no 35º Encontro Nacional CFESS-CRESS em 2006 em Vitória/ES.[18] O objetivo era desencadear o debate reflexivo com a categoria profissional sobre como o desrespeito à diversidade sexual se constitui em violação de direitos e em formas opressivas no cotidiano da vida social e, em particular, nas instituições, espaço de atuação profissional. Antes mesmo de essa campanha ser lançada nacionalmente, foram desenvolvidas pelo CFESS algumas atividades que foram decisivas à socialização e à maior visibilidade do tema na profissão:

- debates internos à diretoria do CFESS sobre diversidade sexual e a relação com o Serviço Social e a luta por direitos, levados posteriormente aos conselhos regionais;
- realização de duas oficinas voltadas à população LGBT durante o 2º Fórum Social Brasileiro, realizado em abril de 2006 no Recife/PE, com o tema: "A necessidade histórica da liberdade de orientação e expressão sexual". Sobre isso, cabe destacar que:

As oficinas visavam à construção de um espaço com a população LGBT, com o objetivo de apreender indicações para a realização da campanha. Participaram das oficinas vários indivíduos não heterossexuais, que socializaram as principais

---

18. Cf. CFESS. Conferências e deliberações do 35º Encontro Nacional CFESS/CRESS, 2009.

formas de violação de direitos que vivenciavam no cotidiano, destacando-se preconceito durante a vida escolar; discriminação em hospitais públicos em momentos de adoecimento, em que eram alvo de piadas grosseiras por diferentes profissionais da saúde e práticas de humilhação no ambiente familiar e no trabalho. Os depoimentos revelaram a dor de quem vivencia relações opressivas e foram fundamentais para confirmar a relevância de inserir o tema da diversidade sexual na agenda em defesa dos direitos humanos no Conjunto CFESS-CRESS (Santos, 2016, p. 97-98).

- elaboração, em parceria com o Instituto em Defesa da Diversidade Afetivo-sexual — DIVAS —, do projeto da campanha com objetivos, metodologia e ações programáticas;
- promoção de mesas temáticas nos cinco encontros descentralizados do Conjunto CFESS-CRESS em 2006;
- realização, durante o 35º Encontro Nacional CFESS-CRESS, de uma mesa temática sobre o tema da campanha;
- elaboração da Resolução CFESS n. 489/2006, que "estabelece normas vedando condutas discriminatórias ou preconceituosas, por orientação e expressão sexual por pessoas do mesmo sexo, no exercício profissional do Assistente Social, regulamentando princípio inscrito no Código de Ética Profissional";
- articulação política com sujeitos políticos com atuação na defesa da diversidade sexual, a exemplo do DIVAS — Instituto em Defesa da Diversidade Afetivo-sexual; a Liga Brasileira de Lésbicas (LBL); a Articulação Brasileira de Lésbicas (ABL); e a Associação Brasileira de Lésbicas, Gays, Bissexuais, Travestis e Transexuais (ABGLT).

Uma análise ética sobre a campanha "O amor fala todas as línguas. Assistente Social na luta contra o preconceito: campanha pela livre orientação e expressão sexual" foi realizada por Matos e Mesquita (2011, p. 139) que, na forma de balanço da campanha, afirmaram:

[...] a campanha foi inovadora porque marcou a defesa e ampliação de direitos de uma população historicamente aviltada nas suas condições de existência, a população LGBT. E mais, o Conjunto CFESS/CRESS — ao articular com movimentos sociais que denunciam opressões particulares — permanece, apesar dos tempos sombrios, com "atitude crítica para avançar na luta", inscrevendo na história o compromisso do Serviço Social brasileiro com a diversidade humana como valor emancipatório. E ao refletirem sobre o caráter simultaneamente privado e público da prática afetivo-sexual, Matos e Mesquita (2011, p. 137) destacam que:

> [...] viver a sexualidade assume caráter público no sentido de que não há justificativas, senão de cunho moralista e conservador, que incorporem legitimidade quando cerceiam direitos considerados fundamentais: os direitos sexuais. Cabe-nos indagar: o que leva pessoas e instituições a se reivindicarem autorizadas e legítimas a determinar como os indivíduos devem relacionar-se afetiva e sexualmente? Que elementos justificam que indivíduos e instituições coloquem em xeque a competência e o compromisso profissionais de homens e mulheres que possuem orientação sexual diferente do padrão dominante de sexualidade? Em que medida efetiva-se a laicidade do Estado brasileiro em relação ao tema?

Esses questionamentos são fundamentais à reflexão crítica sobre os rumos do projeto ético-político profissional. De fato, há uma aceitação na categoria profissional da laicidade defendida no processo de ruptura com o Serviço Social tradicional, mas quando entram em cena, dentre outros, temas como a agenda feminista (especialmente a questão da descriminalização e legalização do aborto), direitos sexuais e diversidade sexual, é comum o apelo de segmentos profissionais a valores e princípios religiosos para justificar posicionamentos conservadores que incidem, especialmente, nos direitos e na liberdade dos indivíduos LGBT e das mulheres. Isso revela a necessidade histórica quanto à continuidade do debate para afirmar e disseminar essa temática na categoria profissional. Nessa perspectiva, o conjunto CFESS-CRESS desenvolveu estratégias fundamentais, das quais podemos destacar:

- reflexão crítica sobre a concepção de direitos humanos, situando seu entendimento na realidade contraditória e no universo das lutas sociais na sociedade capitalista;
- inclusão do tema da diversidade sexual no módulo Ética e Direitos Humanos do curso de capacitação para agentes multiplicadores — Ética em Movimento — que tem como objetivo socializar reflexões sobre ética e direitos humanos na perspectiva de "defender a qualidade dos serviços prestados por assistentes sociais e valorizar o trabalho profissional, sob uma direção ética que deve ultrapassar o aspecto legal de cumprimentos de direitos e deveres e se reger sobre

os princípios éticos do Serviço Social, orientando nessa perspectiva social e política a atividade profissional" (CFESS, 2016, p. 4);[19]
- aprofundamento teórico sobre a concepção de diversidade humana e em particular sobre a diversidade sexual, considerando os fundamentos e direção social do projeto ético-político profissional;
- elaboração e divulgação do CFESS Manifesta em datas de luta relacionadas, dentre outras, à agenda feminista, ao combate ao racismo e à LGBTfobia;[20]
- participação em espaços de representação em conselhos de direitos, comissões e afins sobre a questão da diversidade sexual, identidade de sexo, e a luta em defesa da diversidade e da liberdade;
- promoção de mesas temáticas nos encontros da categoria profissional, especialmente durante o CBAS, e organização de seminários nacionais com temas relacionados à defesa dos direitos humanos e da diversidade sexual, destacando-se, dentre outros, a realização em 2012 em Palmas/TO do Seminário Nacional de Serviço Social e Direitos Humanos e, na cidade de São Paulo, no ano de 2015, do Seminário Nacional Serviço Social e Diversidade Trans: exercício profissional, orientação sexual e identidade de gênero em debate;
- elaboração da Resolução CFESS n. 615/2011, que "dispõe sobre a inclusão e uso do nome social da assistente social travesti e do(a) assistente social transexual nos documentos de identidade profissional";
- campanha realizada pelo CFESS em 2013: "Nem rótulos, nem preconceito. Quero respeito";
- elaboração e lançamento em 2016 da série: Assistente Social no combate ao preconceito, que até o momento reúne cinco temas: (1) o que é preconceito; (2) o estigma do uso de drogas; (3) racismo; (4) transfobia;[21] e (5) xenofobia;
- elaboração da Resolução CFESS n. 845/2018, que "dispõe sobre atuação profissional do/a assistente social em relação ao processo transexualizador".

---

19. In: Santos (2016), na apresentação à quinta edição do módulo 3 — Ética e Direitos Humanos.

20. CF. CFESS Manifesta sobre a campanha "O amor fala todas as línguas. Assistente Social na luta contra o preconceito: campanha pela livre orientação e expressão sexual".

21. Ver Almeida (2016).

Podemos afirmar que a partir de 2006 o CFESS tem aprimorado, a cada gestão, as reflexões e participação efetiva na defesa da diversidade sexual e da identidade de sexo. A Resolução CFESS n. 845/2018 é bem ilustrativa desse processo, considerando a necessidade da luta pela despatologização da transexualidade. No seu artigo 3º afirma que:

> As(Os) Assistentes Sociais, ao realizarem o atendimento, deverão utilizar de seus referenciais teórico-metodológicos e ético-políticos, com base no Código de Ética da/o Assistente Social, rejeitando qualquer avaliação ou modelo patologizado ou corretivo da diversidade de expressão e identidade de gênero.

Trata-se, portanto, do entendimento do caráter radicalmente histórico da agenda profissional, que se atualiza de acordo com as interações entre as lutas sociais, demandas postas no cotidiano profissional e reflexões desencadeadas no universo da formação e do exercício profissionais.

A ABEPSS, como entidade que coordena o processo de formação profissional do(a) assistente social nacionalmente, também desencadeou reflexões sobre a temática da diversidade sexual como uma dimensão importante no conjunto da formação profissional. Isso não significou adesão imediata de todas as propostas curriculares vigentes em cada curso no país, na perspectiva de assegurar a inclusão do tema. Como vimos no item anterior, foi em 2014 a aprovação pela obrigatoriedade da inclusão de uma disciplina sobre o tema. Trata-se do entendimento de que a reforma curricular tem direção social e, nesse sentido, a definição do conteúdo programático dos componentes curriculares deve se orientar pelas seguintes questões: qual o perfil do profissional que queremos formar? Como analisar a realidade brasileira e as particularidades da questão social sem considerar as determinações da sociedade heteropatriarcal-racista-capitalista?

Destacam-se nesta condução da ABEPSS tanto a parceria estratégica desenvolvida com a ENESSO e com o conjunto CFESS-CRESS, como a criação em 2008 dos grupos temáticos de pesquisa (GTP), que indiscutivelmente contribuíram para ampliar o debate em torno do feminismo, da diversidade sexual e da questão étnico-racial. No momento da criação dos GTPs, houve uma preocupação sobre a necessidade de articular o GTP Ética, Direitos Humanos e Serviço Social com o Serviço Social, Relações de Exploração/Opressão de Gênero, Raça/Etnia e Sexualidades. A perspectiva era exatamente não fragmentar a análise e ater-se aos fundamentos ontológicos-históricos para apreender as diferentes dimensões da diversidade humana. Tempos depois, com o amadurecimento do trabalho no universo dos grupos temáticos de pesquisa, além dos inúmeros desafios para consolidá-los como espaço de encontro acadêmico, socialização de pesquisa e análise crítica da realidade, busca-se articulação entre todos os GTPs, a exemplo do que ocorreu na Oficina Nacional da ABEPSS realizada em 2017 no Rio de Janeiro. O fio condutor é justamente a direção social crítica, antenada nas determinações societárias e no *front* da luta de classes.

A perspectiva é de dialogar com as questões e desafios postos ao exercício profissional, bem como fortalecer ações de caráter político e estratégico de aproximação da entidade com as lutas sociais e dos sujeitos políticos, o que leva ao entendimento das reivindicações de vários movimentos sociais e o seu lugar na formação profissional. Não estamos afirmando que esse vínculo com as lutas sociais não existia antes, mas é inegável que a ABEPSS tem buscado a ampliação e mais visibilidade para as articulações com outros sujeitos políticos. Tal fato aproxima mais ainda a ABEPSS das lutas sociais e, consequentemente, revigora a entidade e favorece a atualização permanente do projeto de formação profissional.

As entidades da categoria e dos estudantes tiveram e seguem com bastante responsabilidade pelo aprofundamento dessa inserção temática, dada a condução política de entender a relevância da diversidade sexual e buscar caminhos para inserir e aprofundar a reflexão no contexto dos inúmeros temas e questões que o Serviço Social pesquisa e interage, além do necessário diálogo que estabelecem com movimentos sociais com atuação na área da diversidade sexual e da identidade de sexo. A possibilidade de os fundamentos do projeto ético-político profissional servirem como suporte a esses estudos é uma questão de direção social como em qualquer outro tema. Afinal, na sociedade capitalista, não há como desvincular formas de opressão e de violação de direitos da natureza da exploração da força de trabalho e da vigência da propriedade privada.

Atividades complementares e dicas culturais

TEXTO DE APOIO 1

"— Ela é tão livre que um dia será presa.
— Presa por quê?
— Por excesso de liberdade.
— Mas essa liberdade é inocente?
— É. Até mesmo ingênua.
— Então por que a prisão?
— Porque a liberdade ofende.
[...]"

"Acho que devemos fazer coisa proibida — senão sufocamos.
Mas sem sentimento de culpa e sim como aviso de que somos livres."

LISPECTOR, Clarice. *Um sopro de vida*. 8. ed. Rio de Janeiro: Nova Fronteira, 1978. Extratos.

TEXTO DE APOIO 2

"Liberdade é pouco. O que eu desejo ainda não tem nome."

LISPECTOR, Clarice. *Perto do coração selvagem*. 9. ed. Rio de Janeiro: Nova Fronteira,1980. p. 50. Extrato.

TEXTO DE APOIO 3

Divas II

Deixe a menina aparecer,
se colorir, se revirar e extenuar-se de avessos,
loucuras, orgasmos e mistérios.
Deixe a menina, deixe a mulher,
que elas se transformem em estradas,
que saiam das entrelinhas, rasguem seus casulos,
quebrem muros, saiam dos quadrados,

cortem os asfaltos com seus pés de fada,
com seus pés de dama,
com suas garras de onça.
E elas sangram, elas se doam,
choram, viram luzes, estrelas, Divas e correntezas.

Vai menina, ser nítida,
palavras, fogo e arco-íris na vida!
Vai amar a poesia, a alma feminina,
vai ser essa escrita que se fabrica na luta,
na dor, na lida, nos beijos e desejos seus.
Tornar-se fel e depois se derramar de doçuras,
viver o que tem vontade de ser,
ide, cara senhora, tingir de lilás o nosso céu.
Sai destas frestas, voa mulher,
dirige esse vagão,
se permita sair dos trilhos,
deixe que vejam seus brilhos,
suas risadas, sua emoção.

Descasque-se, vire esse mundo,
rompa couraças, se desabroche,
pois é hora de ir à forra,
deixar os guetos, sair dos quartos.
Te expõe, se mostra,
ela e a vida te esperam lá fora...
Vai às ruas te exibir, falar da tua agonia,
do teu dia a dia,
da necessidade da alforria,
do seu despir, amar, sentir,
do seu inventar.
Menina, pega Maria pela mão
e vai amá-la com liberdade,
no clarão de um dia de sol,
no alvorecer da diversidade.

(Andréa Lima)

TEXTO DE APOIO 4

"Más adelante, hay unas mujeres que nos dan comida."

Diariamente, um trem atravessa a fronteira entre México e Estados Unidos da América. Carrega milhares de migrantes ilegais de vários países pobres da América Central, expulsos de seus países pelo desemprego e pela pobreza, e que migram em busca de trabalho precário, clandestino, nos Estados Unidos da América. Os acordos de integração e livre comércio[22] entre os dois países, que solaparam a economia mexicana, não se aplicam aos homens e mulheres de carne e osso. Frente aos deslocamentos humanos, prevalece o nacionalismo e a xenofobia.[23] Erguem-se muros. Esta é uma das mais exemplares contradições engendradas pela mundialização neoliberal: um mundo sem limites para o trânsito de capitais e com cada vez mais fronteiras aos seres humanos, impostas pelas leis e pela violência.[24]

Esta legião de migrantes despossuídos é uma legião de famintos. A viagem clandestina atravessa o município de Vera Cruz, na rota entre México e Estados Unidos. Em 1995, um grupo de mulheres, que regressava a suas casas, deparou-se com homens que, agarrados ao trem, lhes pediam comida em desespero. O trem se chama, dantescamente, *La Bestia*. Ou, ainda, Trem da Morte. Estes homens e mulheres são chamados popularmente de "moscas", porque viajam atados ao trem como moscas a um bolo.

Desde então, este grupo de mulheres passou a preparar refeições e lançá-las, dia após dia, no horário e ritmo marcado pela passagem do trem, aos migrantes que viajam em *La Bestia*. Para isso, desenvolveram um método: elas organizam os alimentos preparados em sacolas plásticas e as lançam aos homens e mulheres no trem em alta velocidade. Os corpos projetados para fora dos vagões agarram as sacolas com comida de suas mãos. Em um intervalo de não mais de 15 minutos, essas mulheres lançam 300 refeições ao veículo. Todos os

---

22. Acordo de Livre Comércio da América do Norte (Nafta), assinado em 1992 por Estados Unidos, Canadá e México e vigente desde 1 de janeiro de 1994. Cf. ROSALES, Cláudia Rivera. *Dossiê Declínio de Hegemonia dos EUA*: México e os 20 anos do Nafta. Disponível em: <http://esquerdasocialista.com.br/dossie-declinio-da-hegemonia-dos-eua-mexico-e-os-20-anos-do-nafta/ >. Acesso em: 14 abr.2017.

23. O protecionismo e a política anti-imigração foram os carros-chefes da campanha à presidência da República dos Estados Unidos da América de Donald Trump, eleito em outubro de 2016.

24. Cf. MARX, K. *O capital*: crítica da economia política. São Paulo: Boitempo, 2013. Livro I. Capítulo XXIV. A assim chamada acumulação primitiva.

dias. Esta cena impressionante está retratada em um breve documentário realizado sobre a organização Las Patronas, que nos últimos anos ganhou reconhecimento internacional pelo apoio aos/às migrantes.

Extrato da tese de doutorado de Verônica Ferreira: *Apropriação do tempo de trabalho das mulheres nas políticas de saúde e reprodução social: uma análise de suas tendências*. Recife: UFPE, 2017. p. 17.

Exercício 1

Objetivo: refletir sobre o valor ético-central defendido pelo Serviço Social, a liberdade, e sua relação com a pauta feminista e da diversidade sexual.

Com base nos textos de apoio 1 e 2, reflita em grupo:

1. Como o heterossexismo influencia no conservadorismo em torno da defesa de um modelo tradicional de família?
2. Por que a liberdade das mulheres e da população LGBT incomoda?
3. Qual o sentido da liberdade para as mulheres e para a população LGBT em uma sociedade capitalista, hetero-patriarcal-racista?
4. Considerando a liberdade um valor ético-central para o Serviço Social e para o feminismo, destaque as principais contribuições para a relação entre ambos.
5. Qual a importância da defesa da diversidade sexual para o Serviço Social e para a luta pela liberdade, nosso valor ético central?

Exercício 2

Objetivo: refletir sobre transformações contemporâneas e os impactos sobre a precarização das políticas sociais e a apropriação do tempo e da vida das mulheres.

Leia em grupo o texto de apoio 4 e responda:

1. Por que o bolsa família tem a titularidade prioritária para as mulheres? A quem é atribuída a responsabilidade pelas condicionalidades impostas para receber esse benefício?
2. A precarização e mercantilização das políticas sociais afetam mais os homens ou as mulheres? Por quê?

Exercício 3

Objetivo: analisar criticamente o conservadorismo e sua relação com a precarização das políticas sociais e a vida das mulheres e da população LGBT.

Reflita em grupo: Como o discurso conservador sobre a família tradicional afeta às mulheres e à população LGBT?

Após discutir em grupo essas questões, disserte sobre a relação entre conservadorismo, precarização das políticas sociais e o impacto sobre a vida das mulheres e da população LGBT.

Exercício 4

Objetivo: refletir sobre a importância do trabalho invisibilizado e desvalorizado das mulheres, considerando a indissociabilidade entre as relações de produção e reprodução sociais.

Imagine uma greve geral de mulheres, com a qual nenhuma mulher realizaria o trabalho doméstico (remunerado ou não) de lavar, passar, cozinhar, lavar roupa, arrumar e limpar a casa etc.; não cuidaria das crianças, de pessoas idosas, doentes e não estariam com seu tempo à disposição para garantia da saúde e da educação dos membros da família, enfim, da realização das necessidades materiais, físicas e emocionais dos outros. Nessa greve, as mulheres cuidariam só de si e só se preocupariam com a satisfação dos seus desejos.

Debata em grupo: considerando essa realidade descrita, haveria algum impacto na organização da sociedade?

Dica: as relações de produção são indissociáveis das relações de reprodução social.

Exercício 5

Objetivo: refletir sobre a importância da defesa do direito à diversidade sexual pelo Serviço Social.

Ouça e lei a música: "Paula e Bebeto", de Milton Nascimento e Fernando Brant. Após esse momento, dividir a turma em grupos para refletir sobre a importância da defesa do direito à diversidade sexual pelo Serviço Social.

"Qualquer maneira de amor vale o canto

Qualquer maneira me vale cantar

Qualquer maneira de amor vale aquela

Qualquer maneira de amor valerá"

(Milton Nascimento)

Filmografia

Eu, Daniel Blake (Reino Unido, França, Bélgica, 2017). Direção: Ken Loach

O filme aborda as transformações recentes nos desmontes dos direitos e como isso atinge de forma particular a vida de uma mulher, a coadjuvante, que passa por situação de fome e prostituição para garantir a sobrevivência do seu filho.

Indicado para debater o recrudescimento de direitos e a sua particularidade para as mulheres.

Sebastianas. (Brasil, 2009). Produção SOS Corpo (Documentário)

Aborda a exploração do trabalho das mulheres no contexto de injustiça socioambiental e crise capitalista. Destaca situações de trabalho no campo, nas cidades e nas florestas.

Indicado para refletir sobre a resistência das mulheres contra a exploração patriarcal-capitalista.

Orações para Bobby (EUA, 2009). Direção: Russell Mulcahy

O filme é baseado em fatos reais e aborda o conflito entre religião e a vivência da homossexualidade.

Indicado para problematizar as contradições da Bíblia em relação à homoafetividade e o fundamentalismo religioso.

Tomboy (França, 2012). Direção: Céline Sciamma

O filme aborda o drama de uma criança que não possui identidade com seu sexo biológico, a levando a enfrentar situações de preconceito e discriminação.

Indicado para debater sobre transexualidade e preconceito.

A garota dinamarquesa (EUA, Reino Unido, Alemanha, 2016). Direção: Tom Hooper

Baseado em fatos reais, o filme apresenta a primeira tentativa de transexualização cirúrgica realizada na história.

Indicado para debater sobre transexualidade.

Amor por direito (EUA, 2016) Direção: Peter Sollett

Baseado em fatos reais, o filme retrata a relação amorosa e intergeracional entre duas mulheres, uma mecânica e a outra policial. A policial adquire um câncer terminal e luta até seus últimos dias pela garantia da pensão para sua companheira, para assegurar as condições de esta permanecer na casa que construíram juntas. Para tanto, trava uma forte luta para enfrentar a lesbofobia na corporação policial e jurídico-estatal.

Indicado para debater a importância de assegurar direitos nas relações entre LGBT.

Indicações conclusivas

Serviço Social e o desafio da renovação profissional

> *É tão bonito quando a gente sente que nunca está sozinho por mais que pense estar.*
>
> (Gonzaguinha)

Este livro, desde a sua concepção, antes mesmo das suas primeiras palavras serem escritas, foi planejado com uma forte intencionalidade: contribuir com o processo de renovação profissional, contrapondo-se ao conservadorismo e ao neoconservadorismo que persistem dentro e fora da profissão. Para tanto, temos uma opção teórica definida: nossa análise é ancorada na tradição marxista.

Muito se fala em uma suposta incapacidade do marxismo em "dar conta" de temáticas como opressão das mulheres e sexualidade. Partimos do entendimento contrário: sem o legado do materialismo histórico-dialético e o patrimônio categorial do marxismo, não conseguiríamos apreender as determinações, em uma perspectiva de totalidade, das expressões da desigualdade social e da opressão vigentes na ordem heteropatriarcal-racista--capitalista. Por trás dessa crítica ao marxismo, guarda-se, na verdade, uma armadilha: a fragmentação, a superficialidade, o culturalismo e o idealismo na análise dos fenômenos e da desigualdade social.

Compreendemos que a análise das ideologias dominantes, como a heteropatriarcal e racista, que se expressam na cultura e educação vigentes, embora seja fundamental, é insuficiente para o entendimento crítico e materialista das relações sociais que determinam, por exemplo, a desigualdade entre homens e mulheres, o racismo e o heterossexismo. Para nós, com base no método materialista histórico-dialético, estrutura e superestrutura, ideologia e relações materiais são indissociáveis e devem ser dialeticamente analisadas no âmbito das relações sociais, e não de forma limitada à dimensão individual e das identidades.

Quando nos referimos à necessidade de ir além das questões individuais não significa nenhuma desvalorização da individualidade, mas de reafirmarmos os fundamentos analisados no capítulo 1, em que, partindo da centralidade do trabalho na vida social, buscamos apreender as relações de determinação entre a forma que o trabalho assume historicamente e a constituição da individualidade/subjetividade. Os dilemas e conflitos subjetivos, além das implicações das formas de opressão na singularidade de cada indivíduo, ou seja, o modo como serão vivenciados emoções, dores e desafios, se articulam ao tempo histórico, à sociabilidade, às experiências as mais diversas, não se constituindo, portanto, algo isolado ou que possa ser entendido em um movimento exclusivamente subjetivo. Talvez não seja exagero afirmar que o exclusivamente subjetivo não existe. Objetividade e subjetividade estão imbricadas numa complexa relação de determinação.

Nessa perspectiva, partimos da premissa marxiana de que toda ideologia dominante possui uma base material, afinal, não são as ideias que determinam a realidade, mas, ao contrário, é a realidade que determina o pensamento, como nos ensinaram Marx e Engels (2009, p. 67), em uma clássica passagem de *A ideologia alemã*:

> As ideias da classe dominante são, em todas as épocas, as ideias dominantes, ou seja, a classe que é o poder **material** dominante da sociedade é, ao mesmo tempo, o seu poder **espiritual** dominante. [...] As ideias dominantes não são mais do que a expressão ideal das relações materiais dominantes [...]; portanto, das relações que precisamente tornam dominante uma classe, portanto as ideias do seu domínio (destaques dos autores).

Sabemos dos limites temporais de um livro e de sua incapacidade de esgotar esse desafio de nos mantermos na direção da renovação profissional frente ao conservadorismo. Por isso, falamos apenas em uma contribuição, na expectativa de que o processo coletivo da produção de conhecimento crítico no âmbito do Serviço Social caminhe na direção da emancipação humana.

Nessa perspectiva, em termos de síntese, buscamos ao longo do primeiro capítulo refletir, numa perspectiva materialista e de totalidade, considerando os fundamentos ontológicos-sociais, a relação entre trabalho, indivíduo e diversidade humana, e a dialética do sistema heteropatriarcal, racista e capitalista que caracteriza a sociedade em que vivemos.

No segundo capítulo, à luz das categorias teóricas trabalhadas no primeiro, buscamos particularizar na formação social do Brasil o legado do heteropatriarcado e do racismo para, na contemporaneidade do país, refletir suas expressões atuais na vida das mulheres e da população LGBT. Com uma breve análise do heteropatriarcado na caracterização da questão social no Brasil, chegamos a uma conclusão: a luta feminista, antirracista e pelo direito à diversidade sexual é indispensável ao Serviço Social, reflexão que buscamos desenvolver no último capítulo deste livro.

O debate entre feminismo, diversidade sexual e Serviço Social ganha ainda mais relevo quando identificamos o recrudescimento do conservadorismo e das expressões de violência e violações de direitos que impactam de forma mais intensa e particular a vida das mulheres e da população LGBT, como procuramos ilustrar no capítulo 2, ao apresentar alguns dados e expressões do heteropatriarcado e do racismo na contemporaneidade.

O Serviço Social não está alheio a esse tempo histórico eivado de conservadorismo, responsabilização das mulheres pelas expressões da agudização da questão social, feminicídio e LGBTfobia. Mesmo que tenhamos consolidado um amadurecimento teórico-político crítico ao longo do processo de renovação profissional frente ao conservadorismo e ao viés moralizante e doutrinário que marcaram fortemente a gênese da profissão, esse processo não é definitivo, tampouco, necessariamente progressivo.

Assim, entendemos que o movimento de renovação profissional não se esgotou com a superação hegemônica do viés moralizante, doutrinário e mesmo das "novas" contribuições no campo da "modernização" das Ciências Sociais, com destaque para as vertentes ligadas ao pensamento conservador, em especial a positivista,[1] denominada por Netto (1991) de "vertente moder-

---

1. O movimento de reconceituação do Serviço Social foi também marcado pela fenomenologia, no entanto, não alcançou muita expressão na categoria. A vertente fenomenológica, denominada por

nizadora", direcionada para o "bem-estar social", que trata as relações dos indivíduos no plano imediatista e sem apontar possibilidades de mudanças, mas, ao contrário, configura para o Serviço Social um perfil manipulatório, voltado para o aperfeiçoamento dos indivíduos (Yazbek, 2000, p. 23).

A ideologia heteropatriarcal cultivada tanto pelo positivismo quanto pela Igreja Católica, ainda que de formas diferentes (a primeira pautada em argumentos racionais, a segunda na missão sagrada), foi e é funcional a esse perfil manipulatório de "ajustamento" dos indivíduos. Tanto as Assistentes Sociais pioneiras como as mulheres com as quais trabalhavam foram responsabilizadas pela reprodução social e todo o "equilíbrio" social. Logo, pode-se aferir que a exigência de "qualidades naturais" atribuídas patriarcalmente às mulheres catalisou as respostas que foram exigidas na época à profissão, para o controle da "questão social".[2]

É preciso, ainda, questionar se o tempo dessas reflexões limita-se ao passado. Considerando todas as transformações teórico-políticas ocorridas na profissão, podemos dizer que esse perfil profissional foi completamente superado? Por que permanecemos uma profissão não apenas predominantemente composta por mulheres, mas considerada socialmente como feminina? Como atuamos junto ao público usuário, predominantemente feminino? Permanecemos moralizando a questão social ao responsabilizar mulheres por suas expressões ou atuamos no sentido de politização da questão social e fortalecimento das mulheres e de LGBT frente ao Estado heteropatriarcal-racista?

Com a reconfiguração da "herança conservadora", mantida pelos fundamentos da teoria da modernização nas Ciências Sociais e aos princípios "aristotélico-tomistas", houve, no âmbito da "cultura profissional", uma

---

Netto (1991) de "reatualização do conservadorismo", portanto sem rupturas com a tradição conservadora, no Serviço Social foi marcada por um forte subjetivismo e psicologização. Teve seus marcos nos Seminários de Sumaré (1978) e Alto da Boa Vista (1984). Suas principais interlocutoras foram: Ana Maria Braz Pavão, com seu princípio da "autodeterminação"; Anna Augusta Almeida, com seu marco referencial teórico "pessoa-diálogo-transformação"; e Creuza Capalbo, com grande destaque para o subjetivismo. Essa vertente não expunha as contradições da sociedade capitalista, focalizava o indivíduo e achava que mediante a transformação deste poderia haver uma transformação social.

O positivismo teve como grandes monumentos os textos dos seminários Araxá (1967) e Teresópolis (1970), e como principal interlocutor José Lucena Dantas. Para um maior aprofundamento sobre o Movimento de Reconceituação, recomendamos ver Netto (1991).

2. Para maior aprofundamento, ver Cisne (2015).

atualização de seu caráter missionário. Com isso, o Serviço Social incorporou a "mística do servir", da "ajuda", supostamente orientada por valores "nobres" e "altruístas" (Iamamoto, 1994, p. 48-49).

Por influência dos movimentos sociais populares, a partir do final da década de 1970, no esteio das lutas em prol da democratização da sociedade frente à ditadura militar, transformamos esse caráter conservador da profissão e passamos a ter um compromisso explícito com a classe trabalhadora. Dimensão que é facilmente reconhecida no código de ética de 1993, quando afirma a liberdade como valor ético-central.

Apesar dessa significativa guinada teórico-ético-política na profissão, continuamos com um dos selos da identidade profissional da nossa gênese: ser uma profissão predominantemente composta por mulheres. A determinação central disso permanece a mesma: a persistência da divisão sexual do trabalho em uma sociedade marcadamente patriarcal.

Nesse sentido, embora o Serviço Social tenha sofrido um processo de renovação profissional, a permanência desse selo de identidade profissional do feminino ainda continua persistente. Isso se dá tanto pelo imaginário da sociedade, em termos do que se espera de uma Assistente Social, como também na reprodução de práticas conservadoras vinculadas ao reforço da naturalização de qualidades consideradas inatas às mulheres, na responsabilização delas por expressões da questão social.

Sabemos que na origem da profissão não se tinha uma análise crítica de que a questão social resultava da contradição capital-trabalho e do processo de lutas da classe trabalhadora, que dão visibilidade à desigualdade social. Nesse contexto, a intervenção nas expressões da questão social era feita de forma moralizante sobre as mulheres, em torno de qualidades e obrigações consideradas inatas ao universo feminino. Um exemplo muito comum na nossa gênese profissional era o trabalho com crianças em situação de rua ou dependência química, considerado de responsabilidade exclusiva das suas mães. Havia, portanto, uma nítida responsabilização das mulheres, especialmente, das mães, pelos problemas sociais. Um cenário que é retomado de forma significativa diante da atual crise do capital e do familismo nas políticas sociais.

Diante disso, é importante questionar se essa concepção de responsabilização das mulheres pelas expressões da questão social foi superada no exercício da profissão. Mesmo com uma formação profissional crítica para o entendimento da questão social de forma politizada, considerando as contradições e o antagonismo de classe, superamos a moralização e responsabilização da questão social às mulheres? Superamos o reforço à ideologia de um único modelo tradicional de família que reproduz heterossexismo?

Socialmente, as mulheres permanecem sendo fortemente responsabilizadas pela reprodução social. Cabe a nós, Assistentes Sociais, não reforçarmos isso, no sentido de não potencializar práticas conservadoras que responsabilizem ainda mais as mulheres no que diz respeito às expressões da desigualdade social, tampouco, limitem a diversidade humana e as múltiplas possibilidades de organizações familiar e vivência afetivo-sexual.

O heteropatriarcado é absolutamente funcional ao capital ao se apropriar de forma utilitarista de atribuições consideradas femininas para potencializar, com parcos recursos, respostas às expressões agravadas da questão social diante da ausência e/ou precarização das políticas sociais. Com essa ideologia heteropatriarcal, contribuímos para o processo de desresponsabilização do Estado e de responsabilização, consequentemente, da família, mais precisamente, da mulher.

Vale lembrar, ainda, o quanto a heterossexualidade compulsória é uma mediação fundamental para o entendimento da exploração heteropatriarcal que atinge mulheres e pessoas vinculadas socialmente ao feminino, pois reforça a ideologia de naturalização dos sexos, bem como o modelo de família tradicional, que demanda o controle sobre a subjetividade, o corpo e a sexualidade das mulheres; de LGBT e de pessoas associadas ao sexo feminino, além de superexplorar sua força de trabalho por serem segmentos socialmente considerados inferiores e desvalorizados.

Na atualidade, por exemplo, pensemos criticamente sobre o Programa Bolsa Família. Para ser beneficiária dele, há condicionalidades a cumprir. Tais condicionalidades estão vinculadas a um cariz familista das políticas sociais que têm adotado a matricialidade como um eixo estruturante, como nos chama atenção a professora Marlene Teixeira Rodrigues (2008). Com essa perspectiva, tais políticas repõem o lugar socialmente atribuído pela divisão sexual do trabalho às mulheres de responsáveis, em grande medida, pela reprodução social. Para ter acesso ao Bolsa Família, a criança tem de estar na escola, com as vacinas em dia etc. De quem é essa responsabilidade? Geralmente, quando não se cumprem essas condicionalidades, as mulheres são moralmente julgadas como mães irresponsáveis. Se uma criança está em situação de rua, ouvimos comumente: "essa criança não tem mãe?" Por que não se indaga pelo pai? Por que não se indaga pela responsabilidade do Estado? Da mesma forma, ouvimos com frequência questionamentos às expressões da diversidade sexual e familiar. Na conjuntura, os ataques aos direitos LGBT, comumente, vêm acompanhados do argumento de "defesa da família tradicional". Qual família, a que acomete violência contra a mulher, idosos, crianças e LGBT? Precisamos desnaturalizar esse papel historicamente atribuído às mulheres e desideologizar o modelo tradicional e heteropatrircal de família. Para tanto, é fundamental politizar a questão social, considerando a organização da classe trabalhadora, o papel do Estado e as respostas das classes dominantes no capitalismo contemporâneo.

Cabe nos questionar ainda: como coletivo profissional, o que precisamos saber como profissionais para fazer um bom atendimento à população LGBT e às mulheres? Prevalece em muitas instituições a reprodução de preconceito que acaba repondo e, portanto, agravando a violação sofrida em face da discriminação e da opressão por sexo, orientação sexual e identidade de sexo. O Serviço Social, na perspectiva do projeto ético-político profissional, assume explícito compromisso com a defesa da liberdade como valor ético central e da diversidade humana. Entendemos que a concepção de indivíduo defendida nos marcos do pensamento crítico não pode ceder às armadilhas das formas liberais que esvaziam a substância da classe trabalhadora: a existência concreta dos indivíduos (quem são; onde estão; como asseguram a reprodução da sua existência; para que buscam atendimento e a quais violações estão submetidos em sua vida cotidiana?).

Para tanto, faz-se fundamental a apreensão crítica e em uma perspectiva de totalidade das relações sociais, tanto para o entendimento da dinâmica de exploração heteropatriarcal e racista no seio do capitalismo, como também para a afirmação da diversidade humana com horizonte na liberdade e na igualdade substantivas. O sistema heteropatriarcal-racista-capitalista organiza modos de sentir e de viver deletérios ao desenvolvimento pleno da individualidade e ao atendimento das necessidades reais da classe trabalhadora. Analisar criticamente, na perspectiva de decifrar a realidade em sua complexidade, passa necessariamente pela interlocução com a agenda feminista, antirracista e da diversidade sexual. Uma questão nos parece decisiva: no *front* da luta de classes, a classe trabalhadora não comparece de forma abstrata e amplia a densidade da exploração e das violações que sofrem quando são mulheres, negros(as) e LGBT.

Afirmar a diversidade em uma perspectiva feminista materialista é aliançar-se com a emancipação humana, na defesa radical do fim da exploração da força de trabalho e da propriedade privada. Nosso entendimento é que a diversidade em toda sua densidade e expressões exige relações sociais fundadas na igualdade e liberdade substantivas. Trata-se de uma sociabilidade a qual possamos fazer fluir os sentidos e desejos humanos sem opressão, preconceitos, violências e violações.

É nesse horizonte que o feminismo e a defesa da diversidade sexual se encontram com o Projeto Ético-Político do Serviço Social, numa luta contínua contra todas as formas de opressão e exploração. Que na multiplicidade das nossas cores possamos ser unos na beleza de sermos quem somos e no potencial do que podemos ser e construir, possibilitando que o "amor fale [livremente] todas as línguas", afinal, "é tão bonito quando a gente vai à vida nos caminhos onde bate bem mais forte o coração"[3].

---

3. Gonzaguinha, "Caminhos do coração".

Referências

AGUIAR, Neuma. Patriarcado, sociedade e patrimonialismo. *Sociedade e Estado*. Brasília, v..15, n.2, jun./dez. 2000.

ALAGOANO, Verônica Medeiros. *O debate do movimento feminista na produção acadêmica do Serviço Social*. Dissertação (Mestrado) — Faculdade de Serviço Social, Universidade Federal de Juiz de Fora (UFJF), Juiz de Fora, 2016.

ALEMANY, Carme. Violências. In: HIRATA, H. et al. (Orgs.). *Dicionário crítico do feminismo*. São Paulo: Editora da Unesp, 2009.

ALMEIDA, Guilherme Silva de. *Da invisibilidade à vulnerabilidade*: percursos do "corpo lésbico" na cena brasileira face à possibilidade de infecção por DST e Aids. Tese (Doutorado em Saúde Coletiva) — Universidade Estadual do Rio de Janeiro, Rio de Janeiros, 2005.

_____. *Transfobia*. Série Assistente Social no combate ao preconceito. Caderno n. 4. Brasília: Conselho Federal de Serviço Social (CFESS), 2016. Disponível em: <http://www.cfess.org.br/visualizar/livros>. Acesso em: 13 jul. 2017.

_____. Identidade de gênero com ênfase nas pessoas trans: particularidades e acesso à saúde, trabalho e educação. In: HILÁRIO, Erivan et al. *Hasteemos a bandeira colorida*: diversidade sexual e de gênero no Brasil. São Paulo: Expressão Popular, 2018. p. 159-185.

ALVES, Antônio José Lopes. *A individualidade moderna nos* Grundrisse. Dissertação (Mestrado) — Faculdade de Filosofia e Ciências Humanas, Universidade Federal de Minas Gerais, Belo Horizonte,2000.

AMB. *Políticas públicas para a igualdade:* balanço de 2003 a 2010 e desafios do presente. Brasília: CFEMEA, 2011.

ANDREUCCI, Franco. A difusão e a vulgarização do marxismo. In: HOBSBAWN, Eric J. *História do marxismo*: o marxismo da época da Segunda Internacional. Rio de Janeiro: Paz e Terra, 1982. v. II.

ARRUDA, Roldão. *Dias de ira*: uma história verídica de assassinatos autorizados. São Paulo: Globo, 2001.

ARY, Zaíra. *Feminino e masculino no imaginário católico*: da Ação Católica à Teologia da Libertação. São Paulo: Annablune; Fortaleza: Secult, 2000.

ÁVILA, Maria Betânia. *O tempo de trabalho das empregadas domésticas*: tensões entre dominação/exploração e resistência. Recife: Editora Universitária da UFPE, 2009.

_____. Reflexões sobre divisão sexual do trabalho. In: TEIXEIRA, Marlene; ALVES, Maria Elaene. *Feminismo e gênero:* desafios para o Serviço Social. Brasília: Abaré, 2015.

BANDEIRA, Lourdes. Três décadas de resistência feminista contra o sexismo e a violência feminina no Brasil: 1976 a 2006. *Sociedade e Estado*. Brasília, v. 24, n. 2, p. 401-438, maio/ago. 2009.

BARROCO, M. L. S. *Ética e Serviço Social*: fundamentos ontológicos. São Paulo, Cortez, 2003.

_____. *Ética*: fundamentos sócio-históricos. São Paulo: Cortez, 2008. (Biblioteca Básica de Serviço Social, v. 4.)

_____. *O que é preconceito*. Brasília: Conselho Federal de Serviço Social (CFESS), 2016. (Assistente social no combate ao preconceito, Caderno 1.)

BARROSO, Milena Fernandes. *Pássaros com asas quebradas não voam:* um estudo da violência conjugal na cidade de Itapipoca. Monografia (Graduação em Serviço Social) —Universidade Estadual do Ceará, Fortaleza, 2002.

_____. *Rotas críticas das mulheres Sateré-Mawé no enfrentamento à violência doméstica*: novos marcadores de gênero no contexto indígena. Manaus: EDUA, 2015.

BEAUVOIR, Simone. *O segundo sexo:* a experiência vivida. 10. impr. Rio de Janeiro: Nova Fronteira, 1980. v. 2.

BEHRING, E. R; SANTOS, S. M. M. Questão social e direitos. In: CFESS; ABEPSS. *Serviço social*: direitos sociais e competências profissionais. Brasília: CFESS/ABEPSS, 2009.

BIDET-MORDREL, Annie; BIDET, Jacques. Les rapports de sexe comme rapports sociaux suivi de rapports sociaux de sexe e rapports sociaux de classe. In: BIDET-MORDREL, Annie (Org.). *Les rapports sociaux de sexe*. Atual Marx confrontation. Paris: Presses Universitaires de Frances, Deuxième semestre, 2010.

BRAGA, Maria. Elisa S.; MESQUITA, Marylucia; MATOS, Maurilio C. Descriminalização e legalização do aborto no Brasil: uma luta histórica do movimento feminista, incorporada à agenda do Conjunto CFESS/CRESS. *Revista Inscrita*. Conselho Federal de Serviço Social, ano 10, n. 14. Brasília: CFESS, 2013.

BRAH, Avtar. Travels in negotiations: difference, identity, politics. *Journal of Creative Communications*, 2 (1&2), p. 245-256, 2007.

BUTLER, Judith. Corpos que pensam: sobre os limites discursivos do "sexo'. In: LOURO, Guacira Lopes (Org.). *O corpo educado*: pedagogias da sexualidade. Belo Horizonte: Autêntica, 1993.

CARNEIRO, Sueli. Mulheres em movimento. *Estudos Avançados*, São Paulo, n.17 (49), 2003a.

_____. Enegrecer o feminismo: a situação da mulher negra na América Latina a partir de uma perspectiva de gênero. In: ASHOKA EMPREENDIMENTOS SOCIAIS; TAKANOCIDADANIA (Orgs.). *Racismos contemporâneos*. Rio de Janeiro: Takano Editora, 2003b. p. 49-58.

CASTRO, Viviane Vaz. *Não é o caminho mais fácil,mas é o caminho que eu faço*: a trajetória do conjunto CFESS/CRESS na defesa da legalização do aborto. Monografia (Trabalho de Conclusão de Curso) — Departamento de Serviço Social, Universidade Federal do Espírito Santo (UFES), Vitória, 2016.

CFEMEA. Centro Feminista de Estudos e Assessoria. Análise das eleições. *Mulheres eleitas em 2014:* velhos e novos desafios. Brasília: CFEMEA, 2014.

CHAUI, Marilena. *Brasil*: mito fundador e sociedade autoritária. São Paulo: Fundação Perseu Abramo, 2007.

CISNE, Mirla. *Serviço Social no Ceará na década de 50:* o intercruzamento entre classe, gênero e catolicismo. Monografia (Trabalho de Conclusão de Curso) — Departamento de Serviço Social, Universidade Estadual do Ceará, Fortaleza, 2002.

_____. Marxismo: uma teoria indispensável à luta feminista. COLÓQUIO MARX E ENGELS, 4. Campinas, 2005. Disponível em: <http://www.unicamp.br/cemarx/ANAIS%20IV%20COLOQUIO/comunica%E7%F5es/GT4/gt4m3c6.PDF>. Acesso em: 27 jan. 2016.

_____. *Feminismo e consciência de classe*. São Paulo: Cortez, 2014.

_____. *Gênero, divisão sexual do trabalho e Serviço Social*. 2. ed. São Paulo: Outras Expressões, 2015.

_____; DURIGUETTO, M. L. Feminismo e radicalização da democracia: desafios em tempos de recrudescimento do conservadorismo no Brasil. *Ser Social*, Brasília, v. 17, n. 36, p. 13-30, jan./jun. 2015.

CODAS, Gustavo. Economia neoclássica e economia marxista: dois campos teóricos e as possibilidades das análises econômicas e de gênero. In: FARIA, Nalu;NOBRE, Miriam (Orgs.). *Economia feminista*. São Paulo: SOF, 2002.

COLLIN, Françoise. Diferenças dos sexos (teorias da). In: HIRATA, Helena et al. (Orgs.). *Dicionário crítico do feminismo*. São Paulo: Editora da Unesp, 2009.

COMBAHEE RIVER COLLECTIVE STATEMENT. A black feminist statement. In: HULL, Gloria; BELL, Patricia Scott; SMIT, Barbara (Eds.). *All the women are white, all the blacks are men, but some of us are brave*. New York: The Feminist Press, 1982 [1977].

COSTA, Gilmaisa Macedo. *Indivíduo e sociedade*: sobre a teoria da personalidade em Georg Lukács. Maceió: EDUFAL, 2007.

COUTINHO, Carlos Nelson. *O estruturalismo e a miséria da razão*. São Paulo: Expressão Popular, 2010

CRENSHAW, Kimberlé. Demarginalizing the intersection of race and sex; a black feminist critique of discrimination doctrine, feminist theory and antiracist politics. *University of Chicago Legal Forum*, p. 139-167, 1989.

_____. Documento para o encontro de especialistas em aspectos da discriminação racial relativos ao gênero. *Estudos Feministas*, São Paulo, n. 10, 2002.

CURIEL, Ochy;FALQUET, Jules. Introdução. In: FERREIRA, Verônica et al. *O patriarcado desvendado*: teorias de três feministas materialistas. Recife: SOS Corpo, 2014. p. 7-26.

DAVIS, Angela. *Mulher, raça e classe*. São Paulo: Boitempo, 2016.

DAVIS, Kathy. L'intersectionnalité, un mot à la mode. Ce qui fait le succès d'une théorie féministe. *Les Cahiers du CEDREF*, Paris: Université Paris Diderot — Paris 7, n. 20, 2015.

DELPHY, Christine. *L'ennemi principal*. Économie politique du patriarcat. Paris: Éditions Syllepse, 2009a. v. 1.

_____. Patriarcado. In: HIRATA, Helena et al. (Orgs.). *Dicionário crítico do feminismo*. São Paulo: Editora da Unesp, 2009b.

DEVREUX, Anne-Marie. A teoria das relações sociais de sexo: um quadro de análise sobre a dominação masculina. *Cadernos de Crítica Feminista*, ano V, n. 4, dez. 2011.

DIAS, Edmundo Fernandes. Gramsci e a política hoje. *Revista Universidade e Sociedade*, Andes, ano XI, n. 27, jun. 2002.

DUARTE, Marco José de Oliveira. Diversidade sexual, políticas públicas e direitos humanos: saúde e cidadania LGBT em cena. *Revista Temporalis*, Brasília, ano 14, n. 27, p. 77-98, jan./jun. 2014.

DUARTE, N. A *individualidade para-si*: contribuição a uma teoria histórico-social da formação do indivíduo. 2. ed. Campinas, SP: Autores Associados, 1999. (Coleção contemporânea).

DURIGUETTO, Maria Lúcia; CISNE, Mirla. Feminismo e radicalização da democracia: desafios em tempos de recrudescimento do conservadorismo no Brasil. *Ser Social*, Brasília, v. 17, n. 36, jan./jun. 2015.

_____; MARRO, K. Serviço Social, lutas e movimentos sociais: a atualidade de um legado histórico que alimenta os caminhos de ruptura com o conservadorismo. In: OLIVEIRA E SILVA, Maria Liduína de. (Org.). *Serviço Social no Brasil*: história de resistências e de ruptura com o conservadorismo. São Paulo: Cortez, 2016.

ENGELS, Friedrich. *A origem da família, da propriedade privada e do Estado*. Rio de Janeiro: Civilização Brasileira, 1979.

FALQUET, Jules. Repensar as relações sociais de sexo, classe e '"raça"' na globalização neoliberal. *Mediações*, Londrina, v. 13, n. 1-2, p. 121-142, jan./jun. e jul./dez. 2008.

_____. *Les mouvements sociaux dans la mondialisation néolibérale:* imbrication des rapports sociaux et classe des femmes (Amérique Latine-Caraïbes-France). Habilitation à diriger des recherches. HDR. Paris: Université de Paris 8, 2012.

_____. Os atuais desafios para o feminismo materialista. Entrevista. In: CISNE, M.; GURGEL, T. *Temporalis*, Brasília, ano 14, n. 27, p. 245-261, jan./jun. 2014a.

_____. Por uma anatomia das classes de sexo: Nicole-Claude Mathieu ou a consciência das oprimidas. *Lutas Sociais*, São Paulo, v.18 n. 32, p. 9-23, jan./jun. 2014b.

FERNANDES, Florestan. *A revolução burguesa no Brasil:* ensaio de interpretação sociológica. 3. ed. Rio de Janeiro: Zahar Editores, 1981.

FERREIRA, Verônica M. *Apropriação do tempo de trabalho das mulheres nas políticas de saúde e reprodução social:* uma análise de suas tendências. Tese (Doutorado em Serviço Social) — Universidade Federal de Pernambuco, Recife, 2017.

FREYRE, Gilberto. *Casa-grande & Senzala:* formação da família brasileira sob o regime da economia patriarcal. São Paulo: Global, 2006.

GARCIA, Leila P. et al. *Violência contra a mulher:* feminicídios no Brasil. Disponível em: <http://horia.com.br/sites/default/files/ documentos/130925_sum_estudo_feminicidio_leilagarcia.pdf>. Acesso em: 8 mar 2015.

GEERTZ, Cliford. *A interpretação das culturas*. Rio de Janeiro: Livros Técnicos e Científicos, 1989.

GONÇALVES, Eliane. Você é fóbico? Uma conversa sobre democracia sexual. *Jornal da Rede Saúde*, 2001. Disponível em: http://www.redesaude.org.br/home/conteudo/biblioteca/biblioteca/jornal/008.pdf>. Acesso em: 5 nov. 2017.

GONZALEZ, Lélia. Racismo e sexismo na cultura brasileira. *Revista Ciências Sociais Hoje*, Anpocs, p. 223-244, 1984.

_____. Por um feminismo afro-latino-americano [1988]. *Caderno de Formação Política do Círculo Pamarino*, Batalha de ideias, n. 1, 2011.

GOUGES, Olympe [1971]. Declaração dos Direitos da Mulher e da Cidadã. *Interthesis*, Florianópolis, v.4, n. 1, jan./jun. 2007. Disponível em: <https://periodicos.ufsc.br/index.php/interthesis/article/viewFile/911/10852>. Acesso em: 20 jul. 2017.

GRAMSCI, Antonio. *Cadernos do cárcere*. Rio de Janeiro: Civilização Brasileira, 2001. v. IV: Temas de Cultura, Ação Católica. Americanismo e Fordismo.

GRANEMANN, Sara. Processos de trabalho e Serviço Social. In: CFESS/CRESS. *Capacitação em Serviço Social e política social*.. Brasília: UnB, 1999. Módulo 2: Reprodução Social, Trabalho e Serviço Social.

GUILLAUMIN, Colette. Práctica del poder e ideia de naturaleza. In: FALQUET, Jules; CURIEL, Ochy (Orgs.). *El patriarcado al desnudo*: tres feministas materialistas: Colette Guillaumin — Paola Tabet — Nicole Claude Mathieu. Buenos Aires: Brecha Lésbica, 2005. [Publicado inicialmente em *Questions Féministes*, n. 2 e 3, fev. e maio 1978].

HIRATA, Helena. Gênero, classe e raça. Interseccionalidade e consubstancialidade das relações sociais. *Tempo Social*, São Paulo, v. 26, n.1, jan./jun. 2014.

HOBSBAWM, Eric J. *História do marxismo*: o marxismo da época da Segunda Internacional. Rio de Janeiro: Paz e Terra, 1982. v. II.

IAMAMOTO, Marilda Villela. *Renovação e conservadorismo no Serviço Social:* Ensaios críticos. 2. ed. São Paulo: Cortez, 1994.

_____. *O Serviço Social na contemporaneidade:* trabalho e formação profissional. São Paulo. Cortez, 1999.

_____. _____. 3. ed. São Paulo, Cortez, 2000.

_____. *Trabalho e indivíduo social*. São Paulo: Cortez, 2001.

_____; CARVALHO, Raul. *Relações sociais e Serviço Social no Brasil*. São Paulo: Cortez, 1982.

IANNI, Octávio. *O ciclo da revolução burguesa no Brasil*. Rio de Janeiro: Vozes, 1984.

_____. A dialética da história. In: D'INCAO, Maria Ângela (Org.). *História e ideal:* ensaios sobre Caio Prado Júnior. São Paulo: Unesp/Brasiliense, 1989.

_____. *A ideia de Brasil moderno*. Rio de Janeiro: Brasiliense, 1992.

IASI, Mauro Luis. *As metamorfoses da consciência de classe*: o PT entre a negação e o consentimento. São Paulo: Expressão Popular, 2012.

IPEA. *Retrato das desigualdades de gênero e raça*. 2015. Disponível em: http://www.ipea. gov.br/retrato/mapa.html. Acesso em: 12 out. 2017.

IRINEU, Bruna Andrade. 10 anos do Programa Brasil sem Homofobia: notas críticas. *Revista Temporalis*, Brasília, ano 14, n. 28, p. 193-220, jul./dez. 2014.

KERGOAT, Danièle. Dynamique et consubstantialité des rapports sociaux. In: DORLIN, Elsa (Org.). *Sexe, classe, race:* pour une épistémologie de la domination. Paris: PUF, 2008.

_____. Divisão sexual do trabalho e relações sociais de sexo In: HIRATA, Helena; LABORIE, Françoise; LE DOARÉ, Hélène; SENOTIER, Danièle (org.). *Dicionário Crítico do Feminismo*. São Paulo: Editora UNESP, 2009.

_____. Dinâmica e consubstancialidade das relações sociais. *Novos Estudos*, Cebrap, n. 86, mar. 2010.

_____. *Se batter, disent-elles...* Paris: La Dispute, 2012.

KONDO, Cristiane; WERNER, Lara. Violência obstétrica e sua configuração no Brasil. In: STEFANO, Daniela; MENDONÇA, Maria Luisa. *Direitos humanos no Brasil 2013*: relatório da Rede Social de Justiça e Direitos Humanos, 2013. p.139-144.

LESSA, Sérgio. *Mundo dos homens:* trabalho e ser social. São Paulo: Boitempo, 2002.

_____. *A ontologia de Lukács — uma introdução.* Maceió: Edufal, 1997.

_____. *Para compreender a ontologia de Lukács.* Ijuí: Ed. Unijuí, 2007.

_____. *Abaixo a família monogâmica.* São Paulo: Instituto Lukács, 2012.

LOWY, Ilana. "Ciências e gênero. In: HIRATA, H. et al. *Dicionário crítico do feminismo.* São Paulo: Editora da Unesp, 2009. p. 40-44. [Em francês, Sciences et genre. *Dictionnaire critique du féminisme.* Paris: PUF, 2000. p. 187-191.]

LUKÁCS, Gyorgy. *Prolegômenos para uma ontologia do ser social.* São Paulo: Boitempo, 2010a.

_____. *Marxismo e teoria da literatura.* São Paulo: Expressão Popular, 2010b.

_____. *Para uma ontologia do ser social II.* São Paulo: Boitempo, 2013.

MARCELINO, M. F.; FARIA, N. MORENO, T. *Trabalho, corpo e vida das mulheres:* uma leitura feminista sobre as dinâmicas do capital nos territórios. São Paulo: Sempre Viva Organização Feminista, 2014.

MARX, Karl. *O capital.* Livro 1. Crítica da economia política. São Paulo: Boitempo, 2013.

_____. *O 18 Brumário de Luís Bonaparte.* São Paulo: Edições Mandacaru, 1990.

MARX, Karl; ENGELS, F. *A ideologia alemã.* São Paulo: Expressão Popular, 2009.

MATHIEU, Nicole-Claude. "Quand céder n'est pas consentir." Des déterminants matériels et psychiques de la conscience dominée des femmes et de quelques-unes de leur interprétations en ethnologie. In: _____. *L'arraisonnement des femmes*: essais en anthropologie des sexes. Paris: Éd. de L'Ehess, 1985. Cahiers de l'Homme.

_____. Identidade sexual/sexuada/de sexo? Três modos de conceitualização da relação entre sexo e gênero. In: FERREIRA, Verônica; ÀVILA, Maria Betânia; FALQUET, Jules; ABREU, Maíra (Orgs.). *O patriarcado desvendado*: teorias de três feministas materialistas. Recife: SOS CORPO, 2014.

MATOS, M. C. de; MESQUITA, M. "O amor fala todas as línguas: assistente social na luta contra o preconceito" — reflexões sobre a campanha do conjunto CFESS/CRESS. *Em Pauta*, Rio de Janeiro, v. 9, n. 28, p. 131-146, 2011.

MATTHAEI, Julie. Por que os(as) economistas feministas/marxistas/antirracistas devem ser economistas feministas-marxistas-antirracistas. In: FARIA, Nalu; NOBRE, Miriam (Orgs.). *Economia feminista.* São Paulo: SOF, 2002.

MCNALLY, David. Língua, história e luta de classe. In: WOOD, Ellen Meiksins; FOSTER, John Bellamy (Orgs.). *Em defesa da história*: marxismo e pós-modernismo. Rio de Janeiro: Jorge Zahar, 1999.

MEDINA, Graciela. Violencia obstétrica. *Revista de Derecho de Familia y de las Personas*, Buenos Aires, n. 4, dez. 2009. Disponível em: <http://www.gracielamedina.com/violencia-obst-trica/>. Acesso em: 11 jan. 2014.

MÉSZÁROS, István. *Para além do capital*. São Paulo: Boitempo, 2002.

MIOTO, Regina Célia Tamaso; DAL PRÁ, Keli Regina. Serviços sociais e responsabilização da família: contradições da política social brasileira. In: MIOTO, Regina Célia; CAMPOS, Marata Silva; CARLOTO, Cássia Maria (Orgs.). *Familismo, direitos e cidadania*: contradições da política social. São Paulo: Cortez, 2015. p. 147-178.

MOTA, Ana Elizabete. Superexploração: uma categoria explicativa do trabalho precário. In: VARELA, Raquel. *A segurança social é sustentável*. Lisboa: Bertrand Editora, 2013. Disponível em: <http://www.ubimuseum.ubi.pt/n02/docs/ubimuseum02/ubimuseum02.anaelizabete-mota.pdf>. Acesso em: 7 maio2017.

_____. Serviço Social brasileiro: insurgência intelectual e legado político. In: OLIVEIRA E SILVA, Maria Liduína de (Org.). *Serviço Social no Brasil*: história de resistências e de ruptura com o conservadorismo. São Paulo: Cortez, 2016.

MOTT, Luiz; CERQUEIRA, Marcelo. *Matei porque odeio gay*. Salvador: Editora Grupo Gay da Bahia, 2003.

MOTT, Luiz; MICHELS, Eduardo; PAULINHO. *Pessoas LGBT mortas no Brasil. Relatório 2017*. Grupo Gay da Bahia, 2017. Disponível em: <https://homofobiamata.files.wordpress.com/2017/12/relatorio-2081.pdf>. Acesso em 31 jan. 2018.

NETTO, José Paulo. *Capitalismo e reificação*. São Paulo: LECH, 1981.

_____. *Ditadura e Serviço Social*: uma análise do Serviço Social no Brasil pós-64. São Paulo: Cortez, 1991.

_____. Transformações societárias e Serviço Social — notas para uma análise prospectiva da profissão no Brasil. *Serviço Social & Sociedade*. São Paulo: Cortez, n. 50, abr./1996.

_____. A construção do projeto ético-político do Serviço Social frente à crise contemporânea. *Capacitação em Serviço Social e Política Social*. Brasília: CEAD, 1999. Módulo 1: Crise Contemporânea, Questão Social e Serviço Social

_____; BRAZ, Marcelo. *Economia política*: uma introdução crítica. São Paulo: Cortez, 2006. (Biblioteca Básica de Serviço Social, v.1.)

NOBRE, Miriam. Introdução à economia feminista. In: FARIA, Nalu; NOBRE, Miriam (Orgs.). *Economia feminista*. São Paulo: SOF, 2002.

OKITA, Hiro. *Homossexualidade da opressão à libertação*. São Paulo: Sundermann, 2007. 136 p.

OLDRINI, Guido. Lukács e o caminho marxista ao conceito de *pessoa*. *Revista Práxis*, n. 3, mar. 1995.

OLIVEIRA, Giulia et al. Violência contra a mulher na América Latina: reflexões sobre "evoluções" legislativas e permanência do conservadorismo patriarcal. In: CONGRESSO INTERNACIONAL CONSTITUCIONALISMO E DEMOCRACIA: O NOVO CONSTITUCIONALISMO LATINO-AMERICANO, 7. Fortaleza, 2017.

Disponível em: <https://www.conpedi.org.br/area-do-associado/eventos/1gkp2215/trabalho/3E7dWFY4b900G3WH>. Acesso em: 16 fev. 2018.

OLIVEIRA, Mariana Edi R.G. *Diversidade sexual e mundo do trabalho*: uma análise a partir da experiência de trabalhadores gays e lésbicas do setor de telefonia/telecomunicações do Rio de Janeiro. Dissertação (Mestrado) — Universidade Federal Rural do Rio de Janeiro, Rio de Janeiro, 2015.

OLIVEIRA, Tibério. *Meu corpo, um campo de batalha*: a inserção precária das travestis no mundo do trabalho em tempos de crise capital. Dissertação (Mestrado) — Universidade Federal do Rio Grande do Norte, Natal, 2016.

PAVÃO, Ana Maria Braz. *O princípio da autodeterminação no serviço social:* visão fenomenológica. 2.ed. São Paulo: Cortez, 1981.

PEIXOTO, Valdenízia Bento. *Violência contra LGBTs no Brasil*: a construção sócio-histórica do corpo abjeto com base em quatro homicídios. Tese (Doutorado) — Programa de Pós-graduação em Sociologia, Universidade de Brasília, 2018.

PFEFFERKORN, Roland. *Genre et rapports sociaux de sexe.* Paris: Editions Page Deux, 2012.

PINHEIRO, Larissa Souza. Águas, mulheres e energia não são mercadorias: a política das mulheres no Movimento dos(as) Atingidos(as) por Barragens (MAB). Monografia (Trabalho de Conclusão de Curso) — Departamento de Serviço Social, Universidade Estadual do Ceará, 2016.

PISCITELLI, Adriana. Re-criando a (categoria) mulher? In: ALGRANTI, L. (Org.). *A prática feminista e o conceito de gênero.* São Paulo: IFCH/Unicamp, 2002. (Textos Didáticos.)

PRADO. Danda. *O que é família.* São Paulo: Abril Cultural/Brasiliense, 1985.

QUEIROZ, F. et al. Grupo temático de pesquisa Serviço Social, Relações de Exploração/Opressão de Gênero, Raça/Etnia, Geração, Sexualidades: breve históricos e desafios. *Temporalis*, Brasília, ano 14, n. 27, p. 233-241, jan./jun. 2014.

RAMOS, Sâmya Rodrigues; SANTOS, Silvana Mara Morais. Projeto Profissional e organização política do Serviço Social brasileiro: lições históricas e lutas contemporâneas. In: Silva. Maria Liduína de Oliveira (Org.). *Serviço Social no Brasil*: história de resistências e de ruptura com o conservadorismo. 1ª ed. São Paulo: Cortez, 2016.

REIS, Adriana Dantas. Gênero, patriarcado e a história da escravidão no Brasil. SIMPÓSIO NACIONAL DE HISTÓRIA — ANPUH, 26. Anais... São Paulo, jul. 2001.

RIBEIRO, Darcy. *O povo brasileiro:* formação e o sentido do Brasil. São Paulo: Companhia das Letras, 1995.

RODRIGUES, Marlene. Equidade de gênero e transferência de renda: reflexões a partir do Programa Bolsa Família. In: BOSCHETTI, Ivanete et al. (Orgs.). *Política social no capitalismo*: tendências contemporâneas. São Paulo: Cortez, 2008.

ROWLAND, Robyn; KLEIN, Renate. *Radical feminism*: history, politics, action. [1997]. Tradução de Maria da Silva. Disponível em: <https://materialfeminista.milharal.org/files/2013/07/Feminismo-Radical-Hist%C3%B3ria-Pol%C3%ADtica-A%C3%A7%C3%A3o-Robyn-Rowland-e-Renate-Klein-parte.pdf>. Acesso em: 3 mar. 2016.

SAFFIOTI, Heleieth. *O poder do macho*. São Paulo: Moderna, 1987.

_____. *Gênero, patriarcado, violência*. São Paulo: Perseu Abramo, 2004.

_____. *A mulher na sociedade de classes*. São Paulo: Boitempo Editorial, 2013.

SAGOT, Montserrat. A rota crítica da violência intrafamiliar em países latino-americanos. In: MENEGHEL, S. N. (Org.). *Rotas críticas*: mulheres enfrentando a violência. São Leopoldo: Unisinos, 2007.

SANTOS, Silvana Mara de Morais. *O pensamento da esquerda e a política de identidade*: as particularidades da luta pela liberdade de orientação sexual. Tese (Doutorado) — Universidade Federal de Pernambuco, Recife, 2005.

_____. Desigualdade e diversidade. In: BOSCHETTI, Ivanete et al. *Política social no capitalismo*: tendências contemporâneas. São Paulo: Cortez, 2008.

_____. Política social e diversidade humana: crítica à noção de igualdade de oportunidade. In: BOSCHETTI, Ivanete et al. *Capitalismo em crise*: política social e direitos. São Paulo: Cortez, 2010.

_____. Direitos humanos: necessidade e limite na sociabilidade do capital. In: PAIVA, I. L. de et al. (Orgs.). *Direitos humanos e práxis*: experiências do CRDH/RN. Natal: EDUFRN, 2015.

_____. *Ética em movimento*: curso de capacitação para agentes multiplicadores/as. Brasília: CFESS, 2016. (Ética e direitos humanos, Módulo 3.)

_____. Diversidade sexual: fonte de opressão e de liberdade no capitalismo. *Revista Argumentum*, Vitória, v. 9, n. 1, p. 8-20, jan./abr. 2017.

SARAIVA, L.A.S. Além dos estigmas profissionais. *In:* FREITAS, M.E.; DANTAS, M. *Diversidade sexual e trabalho*. São Paulo: Cengage Learning, 2012.

SCHAFF, Adam. *A sociedade Informática*. São Paulo: Unesp/Brasiliense, 1990.

SEVE, Lucien. *Marxismo e a teoria da personalidade*. São Paulo: Horizonte Universitário, 1979.

SILVA, Andréa Lima; SANTOS, Silvana M. M. "O sol não nasce para todos": uma análise do direito à cidade para os segmentos LGBT. *Revista Ser Social*, Brasília, v. 17, n. 37, p. 498-516, jul./dez. 2015.

SILVA, Ivone Maria. *Questão social e Serviço Social no Brasil*: fundamentos sócio-históricos. 2. ed. Campinas: EdUFMT e Papel Social, 2014.

SILVA, Maria Nilza. A mulher negra. *Revista Espaço Acadêmico*, Maringá: UEM, ano II, n. 22, 2003.

SILVA, Marlise Vinagre. Diversidade humana, relações sociais de gênero e lutas de classes: emancipação para além da cultura. *Revista em Pauta — Revista da Faculdade de Serviço Social da UERJ*, n. 28, 2011.

SILVEIRA, Esalba Maria Carvalho. *De tudo fica um pouco*: a construção social da identidade do transexual. Tese (Doutorado em Serviço Social) — Pontifícia Universidade Católica, Porto Alegre, 2006.

SOUZA-LOBO, Elisabeth. *A classe operária tem dois sexos*: trabalho, dominação e resistência. São Paulo: Perseu Abramo; Secretaria Municipal de Cultura; Brasiliense, 2011.

SPENCER, Colin. *Homossexualidade*: uma história. Rio de Janeiro: Record, 1999.

TABET, Paola. Las manos, los instrumentos, las armas. In: FALQUET, Jules; CURIEL, Ochy (Orgs.). *El patriarcado al desnudo*: tres feministas materialistas: Colette Guillaumin — Paola Tabet — Nicole Claude Mathieu. Buenos Aires: Brecha Lésbica, 2005. [Publicado originalmente em 1979, na Revista *L'Homme*, XIX, 3-4 ("As categorias de sexo em Antropologia social"), jul./dez.].

TÁBOAS, Ísis Dantas Menezes Zornoff. *Viver sem violência doméstica e familiar:* a práxis feminista do Movimento de Mulheres Camponesas. Dissertação (Mestrado) — Programa de Pós-Graduação em Direitos Humanos e Cidadania do Centro de Estudos Avançados Multidisciplinares, Universidade de Brasília, Brasília, 2014.

TEIXEIRA, J. B., BRAZ, M. O projeto ético-político do Serviço Social. In: CFESS/ABEPSS. *Serviço social*: direitos sociais e competências profissionais. Brasília: CFESS/ABEPSS, 2009.

TERTULIAN, Nicolas. Marx: uma filosofia da subjetividade. *Revista Outubro*, n. 10, 2004.

TOITIO, Rafael D. Apontamentos sobre sexualidade e a consubstancialidade das relações de poder. In: SEMINÁRIO INTERNACIONAL FAZENDO GÊNERO, 10. *Anais Eletrônicos...* Florianópolis, 2013.

TOLEDO, Cecília. Mulheres: o gênero nos une, a classe nos divide. *Cadernos Marxistas*, São Paulo: Xamã, 2001.

TONET, Ivo. *Educação, cidadania e emancipação humana*. Ijuí: Unijuí, 2005.

TORRES, Iraildes Caldas. *As primeiras-damas e a assistência social*: relações de gênero e poder. São Paulo: Cortez, 2002.

VELOSO, Renato. No caminho de uma reflexão sobre Serviço Social e gênero. *Revista Praia Vermelha, Estudos de Política e Teoria Social*. Rio de Janeiro: UFRJ, v. 2, n. 4, 2001.

VINAGRE SILVA, Marlise. *Violência contra a mulher:* quem mete a colher? São Paulo: Cortez, 1992.

WATERS, Mary Alice. *Marxismo y feminismo*. 2. ed. Barcelona: Fontamara, 1979.

WOOD, Ellen Meiksins; FOSTER, John Bellamy (Orgs.). *Em defesa da história*: marxismo e pós-modernismo. Rio de Janeiro: Jorge Zahar, 1999.

_____. O que é (anti)capitalismo? *Revista Marxista*, São Paulo, n. 17, 2003a.

_____. *Democracia contra capitalismo*: a renovação do materialismo histórico. São Paulo: Boitempo Editorial, 2003b.

YAZBEK, Carmelita. Os fundamentos do Serviço Social na contemporaneidade. In: *Capacitação em Serviço Social e Política Social*. Brasília: UnB, 2000. Módulo 4: O Trabalho do Assistente Social e as Políticas Sociais.

Documentos

BRASIL. Lei Maria da Penha. Lei n° 11.340, de 7 de agosto de 2006. Brasília, 2006.

_____. Presidência da República. I Plano Nacional de Políticas para as Mulheres. Brasília: Secretaria de Políticas para as Mulheres, 2005.

CFESS. Conferências e deliberações do 35° Encontro Nacional CFESS/CRESS, 2009.

CFESS MANIFESTA. *O amor fala todas as línguas*. Assistente social na luta contra o preconceito: campanha pela livre orientação e expressão sexual. Natal, ago. 2007. Disponível em: <http://www.cfess.org.br/arquivos/CFESSMANIFESTA-OAMORFALATODASAS-LINGUAS.pdf>. Acesso em:

GTP RELAÇÕES DE EXPLORAÇÃO/OPRESSÃO DE GÊNERO, RAÇA/ETNIA, GERAÇÃO, SEXUALIDADES. *Estado da arte*, 2016.

PLATAFORMA POLÍTICA FEMINISTA. Aprovada na Conferência Nacional de Mulheres Brasileiras. Brasília, 6 e 7 jun. 2002. Parágrafos 12 e 13. Disponível em: <http://www.institutobuzios.org.br/documentos/PLATAFORMA%20POLITICA%20FEMINISTA.pdf>. Acesso em 20 fev. 2018:

RESOLUÇÃO CFESS N° 489/2006, de 3 de junho de 2006. Estabelece normas vedando condutas discriminatórias ou preconceituosas, por orientação e expressão sexual por pessoas do mesmo sexo, no exercício profissional do assistente social, regulamentando princípio inscrito no Código de Ética Profissional.

RESOLUÇÃO CFESS N° 615, de 8 de setembro de 2011. Ementa: Dispõe sobre a inclusão e uso do nome social da assistente social travesti e do(a) assistente social transexual nos documentos de identidade profissional.

RESOLUÇÃO CFESS N° 845, de 26 de fevereiro de 2018. Ementa: Dispõe sobre atuação profissional do/a assistente social em relação ao processo transexualizador.

RESOLUÇÃO CFP N° 001/99, de 22 de março de 1999. Estabelece normas de atuação para os psicólogos em relação à questão da orientação sexual.

SENADO FEDERAL. *Relatório da Comissão Externa da Feminização da Pobreza*, 2004. Disponível em: <http://www2.camara.leg.br/camaranoticias/noticias/52962.html>. Acesso em: 28 jan. 2016.

GRÁFICA PAYM
Tel. [11] 4392-3344
paym@graficapaym.com.br